빛깔있는 책들 103-42

선암사

글/이계표, 천득염, 최인선 ● 사진/이돈기, 최인선

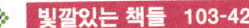 대원사

이계표(연혁)

전남대학교 사범대학 국사교육과를 졸업하고 동 대학원 사학과 박사과정을 수료하였다. 전남대, 목포대학교 사학과 강사와 광주시사편찬상임위원을 역임하였다. 현재 광주대, 여수대학교에서 한국사를 강의하는 한편 문화재전문위원, 남도불교문화연구회장으로서 불교사 조사·연구 활동을 계속하고 있다. 주요 논문으로 「신라 하대의 가지산문」, 「신돈의 화엄신앙과 공민왕」, 「전남의 사찰 I (연혁)」 등 여러 편이 있다.

천득염(건축)

전남대학교 건축공학과를 졸업하고 고려대학교에서 박사학위를 취득하였다. 하버드대학교 미술학과에서 수학하였으며 문화관광부 문화재전문위원으로 활동하고 있다. 현재 전남대학교 건축학과 교수로 재직하면서 한국건축사, 서양건축사를 강의하고 있다. 주요 논문으로는 「백제계석탑의 조형특성과 변천에 관한 연구」를 비롯하여 불탑 관련 논문을 20여 편 발표하였다. 저서로는 『전남의 전통건축』, 『운주사』, 『전탑』, 『향토사의 길잡이』, 『한국의 명원, 소쇄원』 등 다수가 있다.

최인선(유물)

전남대학교 사학과를 졸업하고 한국교원대학교 대학원에서 박사학위를 취득하였다. 현재 순천대학교 사학과 교수 겸 박물관 조사부장으로 있으며 전라남도 문화재전문위원으로 활동하고 있다. 주요 논문으로 「광양 옥룡사 선각국사 도선의 부도전지와 석관」, 「순천 금둔사지 석불비상에 대한 고찰」, 「강진 옥련사 목조석가여래좌상과 복장」 등이 있으며, 저서로는 『가지산 보림사』, 『한국철불연구』, 『광양 옥룡사지 I 』, 『호남의 불교문화와 불교 유적』 등 다수가 있다.

이돈기(사진)

중앙대학교 사진학과를 졸업하고 현재 전라남도 순천에서 스튜디오를 운영하고 있다. 『삼성궁』, 『탑』, 『전남 동부지역 유적과 유물』 등 전통 문화와 관련된 사진 작업을 주로 하고 있다.

선암사

선암사

조계산 선암사 전경

천년 고찰 선암사

　전라남도 순천시 승주읍과 송광면에 걸쳐 있는 조계산(曹溪山)은 해발 884미터의 장군봉을 주봉(主峯)으로 한 장엄한 산세와 울창한 수림이 빚어내는 천하일품의 경관이다. 동서로 뻗어내린 양 능선이 마주보고 이어지는 봉우리들은 서로 절묘한 조화를 이루고 있다.

　조계산에는 명찰 선암사(仙巖寺)와 송광사(松廣寺)가 자리잡고 있어 예부터 오늘날에 이르기까지 구도자들이 끊이지 않고 있다. 이 두 사찰은 고려시대는 물론, 배불(排佛)의 조선시대에도 수많은 고승을 배출하여 선교양종(禪敎兩宗)의 대도량(大道場)으로서 자리매김하였으며, 오늘날에도 옛 모습과 기능을 고스란히 간직한 채 종합수행도량〔叢林〕으로서 그 역할을 다하고 있다.

　천년 고찰 선암사는 조계산에서 발원하여 동쪽으로 흐르는 선암사천이 시작되는 곳에 자리잡고 있다. 계곡을 따라 오르는 길에는 자연이 빚어낸 수목림이 장관을 이룬다. 선암사는 창건된 지 천년이 지났지만 오늘날에도 아름다운 옛 정취를 그대로 담고 있다.

　화려하면서도 은은한 자연 경관과는 달리 내부적으로는 그동안 사찰 분규의 소용돌이에 말려들어 심한 몸살을 앓았다. 조선 후기에는 강학

(講學)이 융성하여 불교학의 연원(淵源)이 되기도 하였지만, 1954년 5월 이승만 대통령의 제1차 불교 유시(諭示) 이후 분규가 시작되어 아직까지 수습되지 못하고 있다.

이로 인해 선암사의 강원(講院)과 선원(禪院)이 일시 문을 닫기도 하였으나 최근에는 전통적인 수행을 하는 불교 전문 교육기관으로 재정립되고, 때로는 외부 강사를 초빙하여 특별 강의를 듣기도 하는 등 시대의 변화에 적응하는 새 모습을 보여 주고 있다.

현재는 한국불교 태고종 총무원 직할 사찰로서 태고총림(太古叢林)이 되어 열악한 조건에도 불구하고 고려 말 태고 보우(太古普愚)의 임제선풍(臨濟禪風)을 계승하여 오늘에 되살리고 있다.

선암사의 가을 풍경

선암사의 역사와 승려

선암사의 창건

선암사의 창건과 그 변모 과정은 사찰에 전하고 있는 몇 가지 기록들을 통해 알아볼 수 있다. 현재 선암사의 창건 시기와 창건주에 대해서는 문헌 자료에 따라서 신라 말의 도선국사(道詵國師) 창건설과 삼국시대 아도화상(阿度和尙) 창건설로 서로 엇갈려 있다. 그러면 선암사가 언제, 누구에 의해 창건되었는지 먼저 문헌 기록을 중심으로 살펴보기로 하자.

도선이 본국으로 돌아와 가르침을 펴다가 이 선암사를 대비보사찰로 삼았다. 우리나라의 낚쪽에는 3암이 있는데 영암군 월출산의 용암(龍巖), 광양현 백계산의 운암(雲巖), 승평부 조계산의 선암(仙巖) 등이다. 이 바위에 모두 절과 탑, 부도(浮屠) 등을 건립하였다. 따라서 이 선암사의 경내에도 철불(鐵佛) 1기, 보탑(寶塔) 2기, 부도 3기 등을 세웠으니 이것들은 지금도 존재하고 있다. 도선국사가 비로소 이 절을 창건하였다.〔계음 호연(桂陰浩然), 「조계산선암사사적(曹溪山仙巖寺事蹟)」

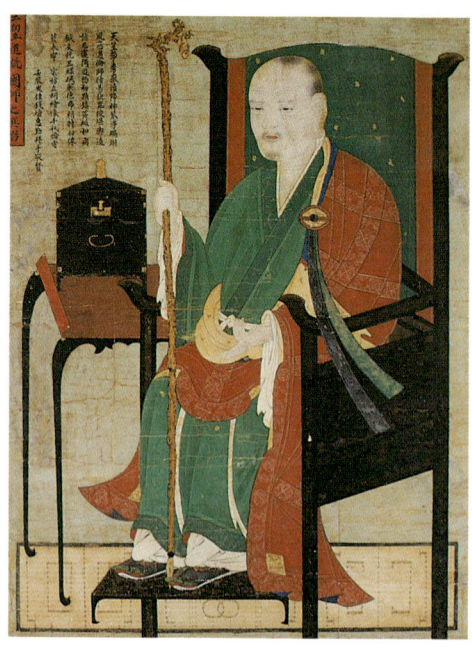

아도화상(왼쪽)**과 도선국사**(오른쪽) **영정** 선암사의 창건에 대해 18세기 초의 기록에는 도
선이, 19세기 기록에는 아도가 창건하였다고 전한다. 그러나 계음 호연이 작성한 「조계산
선암사사적」과 동·서 3층석탑 등의 유물로써 신라 말 도선에 의해 창건되었다고 보는 것
이 설득력이 있다. 선암사 소장. 사진 : 성보문화재연구원.

『조선사찰사료(朝鮮寺刹史料)』上, 282~283쪽, 1704년〕

　신라 법흥왕 때의 사문 아도가 일선군(현재의 경북 선산)에서 와서
불상을 보고 성인의 자취를 흠모하였다. 그래서 기도를 하다가 꿈에 수
기를 받고 사찰을 창건하였는데, 산 이름을 청량(淸涼)이라 하고 절의
이름을 해천(海川)이라 하였다. 이 모든 것은 꿈속에서 받은 가르침에
의한 것이었다.〔용암 혜언(龍岩慧彦), 「순천부조계산선암사제6창건기
(順天府曹溪山僊嵒寺第六創建記)」, 1828년, 선암사 대웅전 내 현판〕

이와 같이 선암사의 창건에 대해 18세기 초의 기록에는 도선이 창건하였다고 되어 있으나, 이보다 후대인 19세기 기록에는 아도가 창건하였다고 전한다. 19세기에 이르러 선암사에서 사찰 창건주를 왜 도선에서 아도로 바꾸고, 창건 연대를 위로 올려 잡았는가 하는 점은 앞으로 밝혀야 할 과제로 생각된다. 한편 사찰 구전에 의하면 선암사는 아도가 비로암(毘盧庵)에 개기(開基)하였다가 나중에 도선이 중창(重創)하였다고도 한다.

선암사에 전해 내려오는 두 창건설 가운데 어느 것이 역사적으로 타당한 것일까? 먼저 법흥왕(法興王, 재위 514~539년)대의 아도화상 창건설을 살펴보기로 하자. 신라 법흥왕대는 불법이 신라에 전래되어 공인된 시기이므로 불교 홍포(弘布)로는 대단히 중요한 시기라고 볼 수 있다. 그러나 아도화상이 신라의 직대국인 백제 지역에 사찰을 창건하였다는 것을 그대로 믿기는 어렵다. 따라서 선암사는 계음 호연이 18세기 초에 작성한「조계산선암사사적」과 신라 하대에 조성된 대웅전 앞마당의 동·서 3층석탑 등의 유물로 볼 때 신라 말 도선에 의해 창건된 사찰로 보는 것이 설득력이 있다.

중창의 역사

고려시대의 선암시

신라 말에 창건된 선암사는 고려 중기에 의천(義天)에 의해 변화를 맞게 된다. 의천은 지리산 화엄사(華嚴寺)와 무등산 규봉암 등 전남지방을 돌아보는 도중에 조계산의 빼어난 경치에 찬탄하여 선암사에 머무르게 되었다. 그는 대각암(大覺庵)에 주석(駐錫)하면서 선암사를 중창하였다고 한다.「조계산선암사대각국사중창건도기(曹溪山仙巖寺大

선암사의 봄 사진 : 김성철(위)

선암사 장승 입구의 부도밭을 지나면 길가에 장
승 한 쌍이 서 있는데 모두 남자이다. 밤나무로
만들어졌으며 몸통에는 '방생정계(放生淨界)'라
는 글씨가 씌어 있다. 세 가닥 수염을 늘어뜨리고
눈을 부릅뜨고 있지만 왠지 친근한 느낌을 준
다. (왼쪽)

覺國師重創建圖記)」(1147년)에는 당시 선암사의 규모가 법당 13동(棟), 전각 12동, 방 26개, 산내 암자가 19개에 이르렀다고 기록되어 있다.

이 기록을 그대로 믿고 따르기는 어려우나 다만 의천이 대각암에 얼마동안 머물면서 선암사를 중창했던 것만은 사실로 여겨진다. 왜냐하면 조선 후기에 쓰어진 대각암 관련 기록에서도 의천이 주석했음을 볼 수 있으며, 현재 대각암에 있는 10세기 후반의 부도가 의천의 것으로 추정되고 있기 때문이다.

또한 응향각(凝香閣) 안에 보관 중인 대각국사 가사는 둘째형인 선종(宣宗)이 의천에게 하사한 것으로 전하며, 매년 가을(음력 9월 28일)에 선암사에서 대각국사 탄신기념 행사를 갖는 것은 선암사와 대각국사와의 깊은 인연을 밀해 준다.

정유재란의 참화와 조선 후기의 복구

선조 30년(1597) 정유재란 때, 전라도의 사찰은 왜군의 침략으로 거의 불에 타거나 막대한 피해를 입었다. 이때 선암사도 불에 타는 등 거의 초토화되어 철불 1기, 보탑 2기, 부도 3기와 문수전, 청측(圊廁, 뒷간), 조계문을 제외한 나머지는 모조리 불에 타버려 흔적조차 없게 되었다고 한다.

선암사는 정유재란이 끝난 뒤에도 오랫동안 복구되지 못하였다. 그러한 가운데 인조 22년(1644) 5월 단원선사(坦元禪師)가 대각암을 중창하였으며, 효종 3년(1652) 비로암을 중수(重修)하였다. 그 나음해인 효종 4년 5월에는 대괘불탱이 조성되었다. 현종 원년(1660)에 경잠(敬岑)과 경준(敬俊), 문정(文正) 세 대사가 불사(佛事)에 뜻을 같이하는 열 명과 함께 사찰 중수에 착수하였고, 미륵전 옛터에 대법전을 세우는 등 8년 동안 복구·중수 사업으로 사찰의 면모를 새롭게 하였다.

숙종 7년(1681) 가을에는 언관(彦寬)과 영민(英敏) 두 장로가 한마음으로 협력하여 대웅전 앞에 영성루를 낙성(落成)시켰다. 이때의 주지(住持)는 호암 약휴(護岩若休)였다. 숙종 24년 침굉(枕肱)의 문인(門人) 호암대사가 전각을 수리하는 등 제4차 중창 불사와 더불어 승풍(僧風)을 일으켰다. 호암대사는 같은 해에 원통각(圓通閣)을 세웠으며, 그 이듬해에 관음상 1구를 조성하였다.

숙종 28년 53불(佛)을 조성하였으며, 이듬해에 대법당을 수리하고 오십전(五十殿)을 중건하였다. 숙종 33년 12월에는 승선교(昇仙橋)를 처음 축조하였는데, 명경교식(明鏡橋式) 가교(架橋)의 공법이었다. 이 석교를 축조할 때의 초창 화주(化主)는 호암당 약휴였으며, 별좌(別座)는 회원(澮元), 편수(片手)는 태소(太素), 감역(監役)은 가아(可阿)와 가초(可超), 삼강(三綱)은 홍의(興義)·세태(勢太)·임선(任亘), 서기(書記)는 돌동(突仝), 주지는 단련화상(丹蓮和尙)이었다.

호암 약휴는 제4차 중창 사업의 마무리로, 숙종 33년에 채팽윤(蔡彭胤)이 짓고 이진휴(李震休)가 쓴 조계산선암사중수비(曹溪山仙巖寺重修碑)를 건립하였다. 이때의 중수로 선암사의 규모는 법당 8동, 전사(殿舍) 12동, 중료(中寮) 16동, 산암(山庵) 13동과 속암(屬庵)으로 용안산 선적암(善積庵), 운동산 도선암(道詵庵) 등을 거느리게 되었다. 호암이 수년 동안 이룬 중창 불사에는 국사 두 분, 화상 세 분, 그리고 침굉의 숨은 도움이 있었다고 전한다. 또한 호암은 문란해진 승풍을 바로잡기 위해 도내에 규정소(糾正所)를 설치하여 도승통(都僧統)에 취임하였다.

정조 21년(1797) 봄에 해붕 전령(海鵬展翎)이 칠전(七殿)을 새로 건립하여 그 이듬해 여름에 완공하였다. 눌암 식활(訥庵識活)은 칠전에서 선객(禪客)과 함께 정업(淨業)을 수행하기 위하여 '참회함이 없이 선방에 참여치 말라' 등 「12조례(條例)」를 정하였다. 「12조례」는 칠전

대각암 대선루 정유재란 때 전라도의 사찰은 왜군의 침략으로 거의 불에 타거나 막대한 피해를 입었으며, 선암사 역시 초토화되어 대부분 흔적조차 없게 되었다. 이 건물은 순조 19년(1819)에 중수한 것이다.

의 선원청규(禪院淸規)였다. 눌암이 「12조례」를 벽에 걸어 두고 오래 도록 지킨 것을 당부하고 있어 당시 선원의 실상을 파악하는 데 중요한 자료가 되고 있다. 칠전의 건립에는 화주로 해붕 전령, 성조노감(成造都監)에 가선대부(嘉善大夫) 출인(出仁) 등 여러 승려가 참여하였다.

순조(純祖) 23년(1823) 화재가 발생하여 대웅전(大雄殿), 명부전(冥府殿), 정문루(正門樓), 향로전(香爐殿) 등 불우(佛宇) 4동과 승당(僧堂), 선당(禪堂) 등 승료(僧寮) 6동이 불에 타버렸다. 이에 순조 24년 해붕과 눌암, 익종(益宗) 세 대사가 제6차 중창 불사를 시작하여 대웅

선암사 차밭 장경각 뒤로 난 좁은 문을 지나 경내를 벗어나면 차밭이 펼쳐진다. 이곳에서
만든 차는 맛과 향이 좋기로 소문나 있다.

전, 명부전, 정문루, 향로전 등 4동을 중건하였으며, 순조 25년 3월 승당과 선당을 중건하였다. 이 시기 중창 불사의 화주는 해붕당 천유(天宥) 등이었으며 주지는 율성(律性)이었다.

제6차 중창 불사로 옛 모습을 되찾아 다시 산 이름을 조계산으로, 절 이름을 선암사로 칭하였다. 이 마무리 작업으로 순조 28년 용암 혜언이 「순천부조계산선암사제6창건기」를 작성하였는데, 여기에서 철우옹(鐵牛翁)의 「운림필기(雲林筆記)」를 인용하여 선암사의 아도화상 창건설과 산 이름과 절 이름을 변경한 사실을 밝히고 있다. 선암사의 지세 형국이 산강수약(山强水弱)하여 화재가 많아지자 상월 새봉(霜月璽篈)이 이를 예방하기 위해 영조 37년(1761) 산 이름을 청량산, 절 이름을 해천사라 고친 적이 있는데, 이때 다시 조계산 선암사로 고쳐 부르게 된 것이다.

조선 후기의 선암사는 다른 큰 사찰과 마찬가지로 총섭(摠攝) 체제로 운영되었다. 총섭 체제는 총섭을 우두머리로 하여 그 아래에 불감(佛監), 목(도)감〔木(都)監〕, 유나(維那), 지전(持殿) 등의 직임(職任)을 설치하여 사찰을 운영하는 것이다.

조선시대 말기에 선암사에는 남암문도(南庵門徒), 벽파문도(碧波門徒), 철경문도(鐵鏡門徒)의 3대 문파가 있었다. 남암문도는 1문 4대 강사를 배출할 정도로 우세하였다. 벽파문도는 북암(北庵, 운수암)에 거주하였던 벽파대사의 문도로 김청호(金淸昊) 스님이 여기에 속했고, 철경문도는 주로 큰 절에 거주하였던 승려로 조철운(趙鐵雲) 종현(宗玄) 스님이 여기에 속했다. 이 3대 문파가 유학생 파견 등 이권을 둘러싸고 세력 다툼을 벌이면서 대중이 화합되지 못하여 분쟁이 일어나게 되었다. 마침내 일제강점기에는 전남도청 학무과에서 관선 주지로 김포광(金包光) 영수(暎遂)를 파견하여 관리하다가 해방을 맞이하게 되었다.

해방 이후 1948년 10월 20일 여순 사건이 일어나자, 가까운 거리에 자리잡고 있던 선암사도 많은 피해를 보게 되었다. 또한 한국전쟁으로도 적지 않은 피해를 겪었으며, 1952년의 토지개혁으로 사찰의 많은 재산이 팔려 나가게 되었다.

1954년 5월 21일 이승만 대통령의 불교 정화 유시로 불교계는 비구(比丘, 출가하여 구족계를 받은 남자 승려)와 대처승(帶妻僧, 아내를 두고 살림을 하는 승려) 측의 대립이 표면화되었다. 선암사는 이러한 승단 정화 운동의 소용돌이 속에서 현재에 이르기까지 수습되지 못하고 거주승은 한국불교 태고종이, 법적 소유는 대한불교 조계종이, 관리는 자치단체인 순천시가 맡아 오고 있다.

선암사의 중창주 스님들

선각 도선(先覺道詵, 827~898년) 선각 도선은 신라 말기 동리산문(桐裏山門) 계통의 선종(禪宗) 승려이다. 고려시대의 기록들에 의하면 도선이 비보사탑설(裨補寺塔說)을 주장하였다고 하여 주로 사찰 비보 사상과 관련하여 주목받는 승려인데, 선암사의 창건주 혹은 중창주로 여겨진다.

도선은 신라 하대 선종산문의 하나였던 동리산문을 연 혜철(惠哲)의 직계 제자로 광양의 옥룡사(玉龍寺)에 주석하면서 옥룡산파를 열었다. 고려 중기 최유청(崔惟淸)의 「백계산옥룡사증시선각국사비명(白鷄山玉龍寺贈諡先覺國師碑銘)」에 의하면, 도선은 성씨가 김씨이니 영임 출신이다. 유년기에 불교적인 분위기에서 성장하였으며 15세에 월유산(月遊山) 화엄사에 가서 승려가 되어 화엄교학을 공부하였다.

도선은 관념적이고 현학적인 화엄교학의 한계를 극복하기 위해 선종으로 개종하여 동리산문의 혜철 문하에 들어가 선법(禪法)을 익히고 심인(心印)을 인가받았다. 그뒤 혜철 문하를 떠나 15년 동안 전국 방방곡곡을 돌아다니면서 수행하였다.

37세 되던 해에 옥룡사에 머물기 시작하였는데, 입적할 때까지 이곳에서 제자들을 양성하였다. 당시 제자들의 수가 수백 명이었다고 하는데 이로 볼 때 당시 옥룡산문의 규모를 짐작해 볼 수 있다. 도선이 옥룡사에 머문 지 35년이 되던 해인 효공왕(孝恭王) 2년(898) 72세로 입적하자, 효공왕은 '요공선사(了空禪師)'라는 시호(諡號)를 내렸다. 그는 고려 현종대에 대선사(大禪師), 숙종대에 왕사(王師), 인종대에 선각국사로 추증되고, 의종대에 백계산옥룡사증시선각국사비가 세워지게 되었다. 이것은 고려시대의 정치적인 상황과 관련되어 도선의 진면목(眞面目)과는 상당히 다르게 풍수지리설(風水地理說)의 비조(鼻祖)로만 인식되는 결과를 가져왔다.

대각 의천(大覺義天, 1055~1101년) 대각 의천은 문종(文宗)과 인예왕후(仁睿王后) 이씨(李氏) 사이에서 태어난 넷째 왕자이다. 본래 이름이 후(煦)이고 자(字)는 의천인데, 송(宋)나라 철종(哲宗)의 휘(諱)가 후였으므로 황제의 이름을 피하여 자인 의천을 주로 썼다. 대각국사는 그의 시호이다.

11세 되던 해에 당시의 관례에 따라 왕사이며 화엄종의 고승인 경덕국사(景德國師) 난원(爛圓)에게 출가하였다. 그는 특히 화엄교학을 본격적으로 공부하였다. 부왕 문종의 원찰인 홍왕사(興王寺)에서 15세(혹은 13세)에 우세승통(祐世僧統)의 법계(法階)를 받고 일대법문을 설하여 대중들을 깜짝 놀라게 하였다.

의천은 구법(求法)과 교장(敎藏)을 수집하기 위해 송에 유학하고 귀국하였다. 송나라에서 귀국한 그는 오랜 숙원인 천태종(天台宗)을 개창하기 위해 노력하였지만, 인주(仁州) 이씨와 연결된 법상종(法相宗)의 반대로 좌절되었다. 그리하여 그는 남쪽으로 내려가 구례 화엄사에서 연기(緣起) 조사를 예찬하기도 하였으며, 선암사의 대각암에서 지관 (止觀)을 닦다가 이 산이 중국의 조계산과 같음을 보고 산 이름을 조계 산으로 개명(改名)하였다.

의천이 40세 되던 해에 외척 세력인 인주 이씨의 권세는 날로 더하여 지고 이자의(李資義)의 난으로 이어지게 되었다. 마침내 숙종은 이들 을 평정하고 왕위에 올라 곧 국청사(國淸寺)를 낙성시켰다. 숙종 2년 에 의천을 주지로 맞이하니 의천은 『속장경(續藏經)』 간행 사업을 추진 하면서 천태교관(天台敎觀)을 본격적으로 개강하여 드디어 천태종을 개창하였다. 이때에 덕린(德麟), 경란(景蘭), 익종(翼宗), 연묘(連妙) 등 선교 제종(諸宗)의 고승들이 그의 제자들과 함께 귀의해 왔다. 의천 은 숙종 6년(1101) 10월 47세의 나이로 입적하였는데, 숙종은 그가 열 반하기 전날 밤에 '대각국사'의 시호를 내렸다.

호암 약휴(護岩若休, 1664~1738년)　　선암사의 제5차 중창주로 법 명(法名)은 약휴이며 호암은 그의 호이다. 속성(俗姓)은 오씨이고 본 관은 해주이다. 현종 5년(1664) 3월에 순천의 쌍암면 죽림동에서 태어 났다.

12세에 선암사에 들어가 경준 장로에게 출가하였다. 이듬해에 머리 를 깎고 침굉 대선사에게 계를 받아 사미(沙彌)가 되었다. 뒤에 장성하 매 모두 '석문(釋門)의 영웅(英雄)'이라고 하였다. 이때 선암사는 정유 재란으로 모두 불터버렸기 때문에 대덕(大德, 덕이 높은 승려) 스님인 경잠, 경준, 문정 세 화상이 대중을 이끌고 복구하던 중이었다. 호암 약휴는 선사들의 뜻을 이어 선암사를 복구하기 위해 갖은 노력을 다하 였다.

영조 12년(1726) 조정에서 호암당을 8도도총섭으로 삼고 자헌대부 (資憲大夫) 겸 장진승군대장(壯鎭僧軍大將)을 삼았다. 그는 북한산성

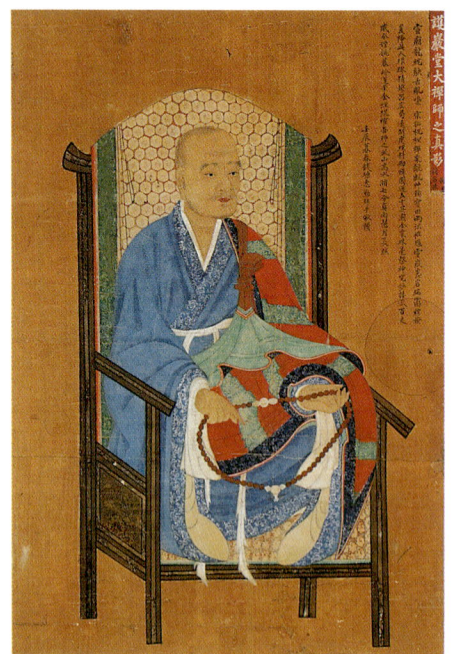

호암 약휴 영정 선암사의 제5차 중창주로 정유재란 이후 모두 불타버린 선암사를 복구하기 위해 갖은 노력을 다하였다. 선암사 소장. 사진 : 성보문화재연구원.

에 부임하여 중흥사(重興寺)의 대웅전과 산경루(山景樓)를 중건했으며 태고국사의 영각(影閣)과 비각(碑閣)을 중수하였다. 이때 남북 양진(兩鎭)에서 승정(僧丁)을 징역(徵役)하였는데, 각 사찰의 승려는 그 고역(苦役)을 이기지 못하였다. 이에 그는 조정에 건의하여 신역(身役)을 혁파하여 정해진 승려에게 향전(香錢)으로 대신하게 하였다.

또한 호암당은 『백장청규(百丈淸規)』를 모방하여 『호암청규(護岩淸規)』를 짓고 영원히 지키도록 부탁하였는데 이것이 일제강점기까지 전해졌다고 한다. 늘그막에는 『법화경(法華經)』을 한 글자에 세 번씩 절하며 사경(寫經)하였다고 전한다.

조선 후기 강학의 부흥

숭유억불(崇儒抑佛) 정책으로 억눌려 지내던 불교계는 조선 후기에 이르러 안팎의 변화에 대응하면서 새로운 움직임을 보이고 있었다. 특히 선암사에서는 여러 차례의 강학 활동을 펼치면서 교학이 크게 융성하였다.

백암 성총(栢庵性聰)은 숙종 17년(1691)에 선암사에서 화엄대회를 개최하였다. 이에 앞선 숙종 7년에는 임자도에 표착한 배에서 『화엄경연의초(華嚴經演義鈔)』 등을 얻어 숙종 15년 봄 낙안 징광사(澄光寺)에서 목판을 새기고 15년 동안 5천 판자를 나누어 징광사와 쌍계사에 보관하였다. 숙종 18년에는 선암사에서 화엄법회를 개설하였는데 사방에서 학인(學人) 납자(衲子)들이 모여 성사를 이루었다. 그뒤 화엄교학이 더욱 알려지게 되었다.

조선 후기의 선암사는 수많은 강백(講伯, 불교 교학에 밝은 강사 승려)과 선덕(禪德, 참선 수행을 많이 한 덕망 있는 승려)을 배출하여 자못 교학의 연원이라 불릴 만하였다. 이 시기에 불교 교학의 탐구와 잇따른 강회(講會)의 개최로 교학화의 경향을 띠게 되었으며 이로 인해

현존 선암사 불전 목판

불경 이름	간기	소장처
대방광원각수다라요의경 (大方廣圓覺修多羅了義經)	順治十二年乙未(1655)之菊秋曹溪山仙巖寺刊版留鎭	동국대학교
묘법연화경(妙法蓮華經)	順治十七年庚子(1660)曹溪山仙巖寺開刊	개인
사분율칠취대목초 (四分律七聚大目抄)	康熙辛未(1691)端午日全羅道順天府地曹溪山仙巖寺留板	연세대학교 동국대학교
침굉집(枕肱集)	崇禎後乙亥(1695)十月日曹溪山仙巖寺開刊	동국대학교
묘법연화경	雍正六年戊申(1728)曹溪山仙巖寺重刊	개인

선암사 대웅전 예불 모습 조선 후기 선암사에서는 여러 차례의 강학 활동으로 교학이 크게 융성하였다. 최근에는 전통적인 수행을 하는 불교 전문 교육기관으로 재정립되고 있다.

불전(佛典)이 간행되게 되었다.

상월 새봉도 영조 30년 3월 15일 선암사에서 화엄강회를 개설하였다. 연담 유일(蓮潭有一)이 작성하여 선암사에 전하는 『해주록(海珠錄)』에는 법회에 참석한 승려 1,287명의 명단이 기록되어 있어 이 화엄법회의 성황을 짐작할 수 있게 한다.

조선 말기에서 일제강점기에 이르기까지 선암사의 남암인 대승암에서 1문 4대 강사를 배출하여 선암사가 교학의 연원이었음을 보여 준다. 선암사의 5대 강사는 모두 남암 출신으로 함명(涵溟)－경붕(景鵬)－경운(擎雲)－금봉(錦峯)－철운(鐵雲) 스님으로 이어진다.

선암사의 강맥을 이은 스님들

침굉 현변(枕肱懸辯, 1616~1684년) 법휘(法諱)가 현변, 자는 이 눌(而訥), 호는 침굉으로 속성은 윤씨이며 나주사람이다.

일찍이 천풍산(天風山) 탑암(塔庵)에서 보광 건우(葆光虔祐, 소요 태능의 제자)에게 깨달음을 얻어 수학하였다. 나중에 소요(逍遙)의 선법(禪法)을 계승하였다. 송광사, 선암사, 연곡사 등에서 주로 주석하다가 말년에는 금화산(수華山) 징광사에서 머물렀다. 숙종 10년(1684) 4월에 입적하였는데 세수 69세, 법랍 57세였다. 그의 문집으로는 『침굉집』 2권 1책이 전한다.

백암 성총(栢庵性聰, 1631~1700년) 백암은 호이며 성총은 법명이다. 성총의 속성은 이씨이며 남원이 고향이다. 일찍이 13세에 순창의 구암사(龜巖寺)에서 출가하여 16세에 구족계를 받았다. 18세에 방장산의 취미 수초(翠微守初)에게서 9년 동안 수학하여 30세부터 강원에서 경전을 가르쳤다.

그뒤에 순천의 송광사, 낙안의 징광사, 하동의 쌍계사 등을 왕래하면서 강석(講席)을 펴서 후학들을 깨우쳤다. 또한 그는 외전(外典)에 능통하였으며 특히 시문(詩文)도 잘 지어 당시 명사들과 교류가 빈번하였다. 이때에 교류한 명망 있는 인물은 최동강(崔東岡), 김문곡(金文谷), 정동명(鄭東溟), 남호곡(南壺谷), 오서파(吳西坡) 등이었다.

51세 되던 숙종 7년(1681) 가을에 전라도 임자도에 사람은 타지 않고 불교 경전만을 실은 큰 배 한 척이 도착했다. 배 안에 명나라의 평림엽(平林葉) 거사(居士)가 교정 간행한 『화엄경소초(華嚴經疏鈔)』, 『대명법수회현기(大明法數會玄記)』, 『금강경기(金剛經記)』, 『기신론기(起信論記)』, 『정토보서(淨土寶書)』 등 190권이 실려 있었다. 이 소식을 들은 성총은 매우 기뻐하면서 이들을 간행하기로 하였다. 여기저기

흩어진 불서(佛書)를 6년여 동안 수집하고 이것을 다시 9년여 만인 숙종 21년 500판으로 새겨서 판각 사업을 완성하였다. 이에 사방의 학자들이 존경하면서 "이는 일대(一代) 불법(佛法) 홍통(弘通)의 종사(宗師)"라고 추앙하고 "동방제일홍법지공(東方第一弘法之功)"이라고 칭찬하였다.

성총은 주로 낙안 징광사에서 판각을 했으며 선암사에서 화엄 대법회를 개설하여 8도에서 모여든 승려들에게서 학덕을 존중받았다. 이와 같이 대중들에게 교학을 베풀다가 숙종 26년 7월 쌍계사의 신흥암에서 입적했는데 세수 70세, 법랍은 57세였다.

그의 저술로는 무용 수연(無用秀演)이 편집한 『백암집(栢庵集)』2권과 성총이 찬집(贊集)한 『정토보서』와 『사경지험기(四經持驗記)』4권, 『정토찬백가(淨土讚百歌)』, 『치문경훈주(緇門警訓註)』3권 및 『대승기신론필삭기회편(大乘起信論筆削記會編)』4권 등이 있다.

상월 새봉(霜月璽篈, 1687~1767년) 　법명은 새봉, 호는 상월, 자는 혼원(混元)이며 성씨는 손씨(孫氏)로 순천사람이다. 15세에 머리를 깎고 이듬해 세진당(洗塵堂)의 문신(文信) 대사에게 구족계를 받았다. 18세에 월저 도안(月渚道安)의 제자 설암 덕언(雪岩德彦)에게 수학하고 도가 이미 통하여 의발(衣鉢)을 전해 받고 이어서 벽허(碧虛), 남악(南岳), 환성(喚醒), 연화(蓮花) 등 노스님들을 두루 찾아다니며 그들에게서 모두 인가를 받았다.

상월 새봉은 둥근 얼굴에 큰 귀를 가지고 그 목소리가 커다란 종과 같았으며 앉음새는 소상(塑像)과 같아 흔들림이 없었다고 한다. 또한 깊은 밤 자시(子時)에 반드시 북두(北斗)를 향해 절을 하였으며 명료한 강론과 군더더기 없는 풀이, 실천 지혜로의 입증(立證)을 가르침으로 삼았다.

선암사 응향각 주변 선암사 경내는 자연이 스스로 빚은 수목원이다. 저마다 다른 모습의
나무들이 산사를 정겹게 한다.

　또 처음 배우는 사람이라 하여 깨달음의 길을 소홀히 하지 않도록 했
으며, 재주가 높다고 하여 계율을 함부로 범하지 못하도록 엄격하게 지
도하였다. 그는 "배우는 사람으로서 만약 스스로 되돌아보는 공부를 하
지 않는다면 비록 아무리 좋은 말을 많이 외운다 해도 자신에게 전혀
도움이 되지 않는다"고 하였다.

　상월 새봉은 영조 24년(1748) 선교양종도총섭국일도대선사(禪敎兩宗
都摠攝國一都大禪師)에 임명되었으며, 영조 10년 봄과 영조 30년에 각
각 선암사에서 대대적인 강회를 열었다. 『해주록』에는 영조 30년 화엄

강회 때 참석한 사람들의 이름이 적혀 있다. 종사 158명, 학인 519명, 어산(魚山) 69명, 동자(童子) 74명 등 대중이 모두 1,287명이었다. 이때의 화엄강회는 3월 16일 시작하여 4월 3일 마쳤다.

영조 43년 10월, 상월 새봉은 "물은 흘러서 바다로 돌아가고, 달은 저도 하늘을 떠나지 않도다"라는 열반 게송(偈頌)을 읊조리면서 태연하게 세상을 떠났는데 그때 나이가 81세였다. 저술로는 『상월대사시집(霜月大師詩集)』 1권이 있는데, 정조 4년(1780)의 발문(跋文)이 있는 간본(刊本)이 현존한다.

눌암 식활(訥庵識活, 1752~1830년) 휘는 식활이며 호가 눌암이다. 속성은 전씨(全氏)이고 순천(지금의 여수시) 율촌면 삼산리 사람이다. 영조 28년(1752) 4월에 태어났다.

처마밑 풍경

그는 집이 본래 가난하여 공부를 할 수가 없었다고 한다. 17세 되던 어느날 그의 아버지가 가까운 마을의 양반집에서 매를 맞아 욕을 보게 되었다. 그가 이 소식을 듣고 형에게 말하기를 "아버지를 욕보였는데 보복하지 않겠는가?" 하니 형이 "목소리를 낮춰라. 우리는 천하고 그쪽은 귀한데 어찌 마음을 움직일 수가 있겠는가"라고 하였다. 그가 듣지 않고 큰 몽둥이를 들고 달려가서 커다란 소리로 죽이겠다고 하니 모두 놀라 흩어져 버렸다.

이와 같이 양반을 꾸짖고 돌아오는 등 담력이 뛰어났지만 이로부터 탄식하기를 "대장부로 태어났는데 남에게 비굴하게 꼼짝을 못한다면 차라리 나비처럼 세상을 떠돌아다니면 이것 또한 즐겁지 아니한가"라고 하였다. 마침내 출가하여 선암사에 들어가 머리를 깎고 승려가 되었다. 이때가 영조 44년 12월이었다.

그는 멀리 여러 산을 돌아다니면서 두루 선지식(善知識)을 찾았다. 금강산 마하연에 들어가 활구(活句)를 참구(參究)하고 6, 7년 뒤 묘향산의 법왕봉에 들어가 바위에서 좌선하기도 하였다. 이때 두 마리의 호랑이가 보호하였으며 이렇게 하기를 3년이나 하였다. 도가 이미 통하게 되자 여러 곳에서 승려와 세속사람들이 구름같이 몰려와서 법문을 청했다. 이때 평안감사 윤사국(尹師國)이 스승으로 받들었으며 대접하기를 중국 당(唐)나라 때의 황벽 희운(黃檗希運)과 상국 배휴(相國裵休)와 같이 하였다.

정조 13년(1789) 봄, 윤사국이 예조 판서로 있을 때 내관이 향을 받들고 눌암화상이 100일 기도를 주관하여 세자의 탄생을 빌었다. 정조 12년 9월에는 산중 대덕 해붕선사와 함께 원통전에서 치제(致祭)하고 대각암에서도 100일 기도를 병행하였다. 2년이 지난 1790년에 드디어 세자가 탄생하였는데, 정조는 눌암화상의 충성을 생각하여 정조 20년 「국일도대선사대각등계홍제존자(國一都大禪師大覺登階弘濟尊者)」의 첩지와 자수가사, 금병풍 및 세자가 쓴 '대복전(大福殿)' 세 글자를 내리고 향폐(香幣)와 다약(茶藥) 등 진귀한 물품을 내렸다. 또 세자가 즉위하여 순조 원년(1801) '인(人)', '천(天)'의 어필(御筆) 두 자를 하사하여 원통전에 걸었는데 200년이 지난 현재까지도 그대로 있다.

순조 18년에 대웅전, 대루(大樓), 동·서 요사채 수백 칸이 불에 탔다. 눌암화상은 이 사실을 급히 서울에 알렸으며 여러 해가 지나지 않아 옛날의 모습으로 복구하였는데, 이처럼 불사에도 갖은 노력을 아끼지 않았다. 순조 30년(1830) 10월 열반하였는데 세수 79세, 법랍 62세였다.

  해붕 전령(海鵬展翎, ?~1826년)　휘가 전령, 자는 천유이고 호는 해붕으로 순천사람이다. 선암사로 출가하였으며 묵암 최눌(默庵最訥)의 인가를 받았다. 선교에 통하였을 뿐 아니라 문장에도 뛰어났으며 호남(湖南) 칠고붕(七高朋)의 하나였다. 순조 26년(1826) 10월에 입적하였는데 그의 생몰 연대는 자세하지 않다. 순조 24년 눌암, 익종과 더불어 선암사의 제7차 중창주로 알려져 있다.

  침명 한성(枕溟翰醒, 1801~1876년)　휘가 한성이고 침명은 헌액(軒額)이며 화엄종주(華嚴宗主)이다. 속성은 김씨이고 본관은 경주이다. 홍양군(지금의 고흥군) 남양면 장담촌에서 대대로 살았다.
  15세에 팔영산 능가사에 출가하여 숙부인 권민(勸敏) 장로에게 머리를 깎았다. 화엄종의 대운 성홍(大雲性弘) 화상이 남평 운흥사에서 개당(開堂)하여 종풍을 크게 떨치고 있었는데, 침명 한성이 17세 되던 해 그곳에 가서 징관(澄觀)·종밀(宗密)의 소(疏)와 설담(雪潭)·연파(蓮坡)의 주기(註記)를 3~5년 동안 배웠다. 선법은 순창 구암사의 백파(白坡) 대사에게 받았다.
  26세에 영봉(影峰) 대사에게 불법을 계승하는 윤당(輪幢)을 세웠다. 28세에 송광사의 보조암에서 강의를 열었으며 그 다음해에 선암사의 요청으로 대승암에 자리를 옮겼는데 사방에서 배우려고 오는 사람이 시장을 이룰 정도였다고 한다. 만년에 조용한 곳에서 침묵으로 선지(禪旨)를 탐구하다가 1876년 입적하였는데 세수 76세, 법랍 62세였다.

응향각 주변

　금암 천여(錦岩天如, 1794~1878년)　　휘가 천여이며 호는 금암인
데, 세칭 '여보살(如菩薩)'이라고 했다. 속성은 나씨이며 나주사람으로
정조 18년(1794) 4월 8일에 태어났다.

　15세에 선암사에 들어가 물암(勿庵) 대사에게 출가하여 17세에 머리
를 깎고 구족계를 받았다. 그는 『법화경』을 읽고 '대비이제시행(大悲利
濟之行)'이라고 하면서 금파 도일(金波道鎰) 선사를 좇아 비수법(比首
法)을 배웠다. 불화(佛畵)를 그리는 것으로 입신(入神)을 생각했던 것
같다.

　1837년에 불조전(佛祖殿) 53불을 새롭게 도금하였으며 팔상전(八相
殿)과 원통각을 단청하였다. 또한 전답을 사들여 불전(佛殿)에 헌납하

고 향화(香火)를 보태었다. 이와 같이 대선사는 스스로 인연을 만들어 불사를 일으켰다. 1839년에는 북암인 운수암(雲水庵) 별채에 앉아서 대비주(大悲呪)를 염송하였다. 평생의 큰 소원이 천불(千佛)을 도금하는 서원이었으므로 8도총림(八道叢林)의 불사에 응하지 않음이 없었다고 한다.

말년에도 조금도 게으르지 않았는데 사람들이 도행(道行)을 흠모해 마지않았다. 청련암에서 입적하였는데 세수 85세, 법랍 68세였다. 전법 제자로 수성 일예(守誠一藝), 설암 덕언, 혜명 준의(惠明俊義), 인원(仁元) 등이 있다.

함명 태선(涵溟太先, 1824~1902년)　휘는 태선이며 함명은 그의 호이다. 속성은 박씨이고 본관은 밀양으로 1824년 9월 화순 적천리에서 태어났다.

14세에 화순 만연사의 풍곡 덕인(豊谷德麟) 선사에게 의탁하였다. 그 다음해 머리를 깎고 백양사의 도암당 인정(道庵堂印定) 화상에게 계법을 받았으며 뒤에 침명 한성에 참구하였다. 이때 침명 한성은 선암사에서 법을 설하고 있었는데, 선사를 한 번 보고는 대승법기(大乘法器)임을 알았다고 한다. 5, 6년 동안 삼장(三藏)을 두루 섭렵했는데, 침명이 더욱 감탄하여 권장하면서 대승계를 주었다.

헌종 10년(1849) 봄 서석산(瑞石山)에서 법맥을 이어받고 풍곡의 법등(法燈)을 이었다. 선사는 또 선암사의 청을 받아들여 남암과 북암에서 법을 설하니, 사방에서 학인들이 와서 배웠다. 고종 3년(1866) 가을 경붕 익운(景鵬益運)에게 강설(講說)을 전하였다. 익운은 또 경운 원기(擎雲元奇)에게 전했다. 경붕 익운과 경운 원기는 당시 선문의 봉황(鳳凰)으로 알려져 있었다. 마침내 금봉 기림(錦峯基林)이 고족(高足, 제자 가운데 특히 뛰어난 제자)이 되어 선법을 잇게 되었다.

선사는 늙어서도 경전 읽기와 계율 지키는 것을 게을리하지 않았다. 선사를 뵙는 사람들이 모두 "진짜 부처가 세상에 나타났다"고 하였다. 1902년 1월 입적·당시 세수는 79세였다. 그의 법계는 서산(西山) 대사 문하의 편양(鞭羊) —풍담(楓潭) —월저—설암—상월—용담 조관(龍潭慥冠) —규암 낭성(圭岩朗成) —서월 거감(瑞月巨鑑) —회운 진환(會雲振桓) —원담 내원(圓潭乃圓) —풍곡 덕인—함명 태선으로 이어진다.

경붕 익운(景鵬益運, 1836~1915년) 법휘는 익운이며 경붕은 그의 호이다. 또한 부요헌(扶搖軒)이라고도 한다. 그의 속성은 김씨인데 본관은 김해이다. 순천군(지금의 순천시) 주암면 접기사람으로 헌종 2년 (1836) 2월 24일 태어났다.

형 화산(華山) 스님이 선암사로 출기하자, 이를 따라가서 책을 읽다가 세상 밖의 일에 뜻을 두게 되었다. 이때 나이 15세였다. 그 다음해 선암사의 함명선사에게 들어갔으며 호운(浩雲) 선사에게 머리를 깎고 구족계를 받았다. 내·외서를 두루 읽고 난 뒤 19세 되던 해 사방으로 멀리 찾아다니면서 기신론(起信論)과 『능엄경(楞嚴經)』, 『대반야경(大般若經)』, 『원각경(圓覺經)』을 응월(應月) 화상에게 배웠다. 설두화상에게는 화엄과 염송을 배워 익혔다. 25세에 조계산에 돌아와 고종 5년 (1868) 가을에 무등산 원효암에서 법을 설했는데, 배우려는 사람이 산처럼 늘어섰다고 한다. 함명이 불자(拂子)를 보내면서 말하기를 "나는 이제 나리를 펴고 잠잘 수 있겠다"고 하였다. 35세에 함명 내신에게 교편을 전수 받았다.

20여 년 동안 덕이 높고 학식이 뛰어난 스님들이 그의 문하에서 배출되었는데, 상족(上足)은 경운 원기이며, 전은(傳恩) 제자는 운악 돈각 (雲岳頓覺)으로 실무에 힘써 불문에 많은 도움을 주었다. 1915년 6월에 입적하였는데 세수 80세, 법랍은 66세였다.

설선당 주변

　경운 원기(擎雲元奇, 1852~1936년)　　휘가 원기이며 경운은 호다.
속성은 김씨이며 철종 3년(1852) 정월 3일에 태어났다.
　17세 되던 해인 고종 5년에 지리산 연곡사(鷰谷寺)의 환월(幻月) 화
상을 스승으로 출가하였다. 선암사의 대승강원에 들어가서 경붕 익운
에게 부처님의 가르침을 닦던 중 30세 되던 해에 강석을 물려받고 대중
의 추대를 받아 교강(敎講)을 주관하게 되었다. 그는 다시 선암사에 계
단(戒壇)을 새로 수립하여 계율을 크게 일으켰다. 1913년 선암사와 송
광사가 손을 잡고 순천의 환선정(喚仙亭)을 사들여 포교당을 창설하였
으며 이를 토대로 백련결사(白蓮結社)를 주도하였다.
　이회광(李晦光)의 친일적인 원종(圓宗)에 맞서 1911년 정월 15일 영

·호남 승려가 순천 송광사에서 총회를 열어 조선불교(朝鮮佛教) 임제종(臨濟宗)을 결의하고 임시 종무원을 송광사에 설치하였으며 임제종 관장(管長)에 경운 스님을 선출하였다. 또한 1929년에 조선불교 선교양종 교무원이 창립되어 교정(敎正)으로 추대되었다.

일찍이 29세 때에 명성황후 민씨의 뜻으로 양산 통도사에서 금자(金字) 법화경을 사경하였는데, 3개월 동안 한 글자를 쓸 때마다 한 번씩 절을 하면서 전 14축(軸)을 완성하였다. 또한 45세 되던 해 선암사에서 6년 동안 화엄경 전질을 역시 일행일배(一行一拜)의 금강신(金剛信)으로 사경했다. 1936년 11월 세수 85세로 선암사에서 입적하였다.

금봉 기림(錦峯基林, 1869~1916년)　기림은 법휘이며 호는 금봉이다. 함명 태선은 법증조(法曾祖), 경붕 익운은 법조(法祖)이며 경운 원기는 법부(法父)였다. 기림은 이와 같이 호남 지방 근대(近代) 불교 강맥(講脈)의 정통을 4대째 이은 승려였다. 속성은 장씨로 본관은 목천(木川)이었으며, 1869년 12월 24일 여천군 화양면 옥적리에서 태어났다.

14세에 영취산 흥국사에 가서 경담(鏡潭) 화상에게 출가했다. 그 다음해 4월 8일 머리를 깎고 십계(十戒)를 받았다. 이때부터 18, 9년 동안 불전을 공부하면서 사방의 종장에게 두루 참구하였다.

27세 되던 해에 대승암에서 윤당을 세웠는데 배우려는 사람들이 몰려들어 10여 년 동안 교편을 잡았다. 1913년 선암사의 주시가 되었으며 그 다음해 순천군 선교양종 강연소 포교사를 겸임하였다. 3년 동안 선암사 대본산 주지로 재피선되어 3, 4년 동안 총림의 크고 작은 일을 주관하는 동시에 교육을 장려하였다. 세수 48세로 일찍 입적하니 대중들이 무척이나 안타깝게 여겼다.

선암사의 가을 풍경

응진당을 통해 본 팔상전

가람 배치와 건축

선암사의 가람 배치

우리나라 사찰의 가람 배치 형식은 주로 탑의 수, 지형적인 입지 조건 등에 따른 건축적 규칙에 기준을 둔 분류와 여기에 축선(軸線)의 성질 등 공간론적인 규범을 더한 분류가 주류를 이루고 있다. 이와 더불어 기본적으로는 풍수지리적인 분석도 가해진다. 곧 탑의 수에 따라서 단탑식(單塔式), 쌍탑식(雙塔式), 무탑식(無塔式)으로 나누고 이를 다시 평지와 구릉, 산지의 입지 조건과 맞추어 형식을 분류한다. 또한 축의 성질에 따라 중심축형, 직교축형, 곡선축형, 자유형 등으로 구분한다. 건축사가들에 의한 이러한 분류 방법과는 달리 미술사가들은 탑원(塔院), 금당원(金堂院), 승원(僧院) 등을 사찰 건축 분류의 기본 난위로 삼고 있다.

가람 배치 형식을 구분하는 데에 탑을 가장 중요하게 여긴 것은 초기 사원이 탑에서 비롯되었듯이 중요한 준거가 되기 때문이다. 산지 사찰과 평지 사찰은 자연적인 입지 조건 외에도 불교의 가르침이 변화 발전함에 따라 시대적으로 변천하였다. 불교 전래기에는 평지 사찰이 많고 통일신라 말이나 고려시대에는 산지 사찰이 많이 건립되었다는 것은 누구나 아는 사실이다. 곧 평지 사찰은 대부분 왕경(王京)이나 커다란 읍락 부근에 위치해 왕권과 깊은 관계를 맺었으며, 산지 사찰은 지방에 위치해 지방 호족 세력이나 지방민의 후원 속에서 경영될 수 있었기 때문이다.

조계산의 동쪽 기슭에는 물 맑은 계천이 흘러내리고 이 계곡이 굽이치는 좌우에는 각종 불적(佛跡)이 자리하고 있다. 조계산의 동쪽 편에 위치한 선암사는 흔히 사찰의 품격이나 위치, 크기 등에 따라 송광사와 비교된다. 선암사는 그 배치 형국을 이야기할 때 흔히 웅장한 기상을 보여 소위 장군 대좌의 형국을 이룬다고 한다.

선암사는 전형적인 산지 사찰로서 가람 배치 방법이 우수하다. 선암사를 개창할 때 사찰터를 고르고자 하는 스님과 지관, 장인은 수없이 많은 골짜기들을 돌아다니면서 이곳을 점지하기까지 오랫동안 고뇌하였을 것이다. 아니면 이미 자리하고 있는 조그마한 암자의 형국이 대가람으로 적절하여 천년 사찰로 이어져 왔는지도 모른다. 선암사의 개창자들은 풍수지리적인 입장에서 좌우의 청룡과 백호 및 전후의 산을 살피고 장차 수많은 전각들이 앉을 터의 넓이를 눈여겨보았을 것이다. 대가람의 경영에는 많은 물이 필요한데, 차고 넘치면 곤란하다. 따라서 물길을 가까이 하면서도 조심하였다. 수많은 불자들의 접근이 용이하면서도 적절한 차단이 필요하였다.

선암사의 진입 공간 부분은 다소 완만한 경사를 이루지만 첫 건물인 강선루(降仙樓)에서부터는 가파른 지형이다. 이곳은 그다지 넓지도 않다. 따라서 급한 경사지를 여러 단(段)으로 깎고 그 단부에 축대를 쌓아 점차적으로 오르면서 각각의 단에 평평한 대지를 조성할 수밖에 없었다. 선암사의 건물들이 좌우 방향으로는 다소 넓으나 전후 방향으로 조밀한 것은 그 까닭이다. 이러한 단들은 공간을 오르는 방향으로 분절

선암사 배치도

눈 덮인 승선교 승선교라는 두 개의 홍교를 지나 강선루에 이르는 진입 부분은 선암사에
서 가장 아름다운 경관을 이룬다. 이 진입 과정은 속계의 온갖 번뇌와 오욕을 씻고 천상의
성스러운 곳으로 오르는 의미 있는 공간이다.

하여 위계성을 주며 시각적으로는 전개되고 폐쇄되는 효과를 연출한다.

우리나라 사찰의 공간 구성을 인위적으로 구분하고자 할 때 공간의 순서에 의미를 부여하여 진입 공간, 과정적 공간, 청정 공간, 매개 공간, 주공간, 부공간 등으로 나눌 수 있다. 선암사에 있어서는 이러한 고려가 아주 우수하고 흥미롭다.

승선교라는 두 개의 홍교(虹橋)를 지나 강선루에 이르는 진입 부분은 이 사찰에서 가장 아름다운 경관을 이룬다. 다른 사찰에서보다 진입 부분을 길게 하였는데, 진입 과정은 속계의 온갖 번뇌와 오욕을 씻고 천상의 성스러운 곳으로 오르는 의미 있는 공간이다. 따라서 점차적으로 오르면서 자신의 영육(靈肉)을 청정하게 하는 사찰의 진입 단계에서 거쳐야 할 과정적 공간이다. 깨끗한 계류를 보며 구불구불한 산길을 따라 오르면서 자연스럽게 몰입되고 유도되어 부처의 경지에 오르게 된다.

특히 계천을 건너는 반원형의 홍예(虹霓, 무지개) 다리는 승선이라는 어휘가 주는 의미 이상으로 신비로움을 자아낸다. 강선루를 내려와 승선교를 통하여 오르는 상징적 의미 체계를 갖추고 있다.

강선루에서 일주문에 이르는 길은 여느 사찰에서는 보기 드물게 긴데, 두 번을 휘감고 돌아가 가파른 경사를 이룬다. 큰 일주문을 지나면 범종루(梵鐘樓)가 압도하듯 다가온다. 그냥 서서 지나가면 호령이라도 할 것 같다. 이를 누하진입(樓下進入)이라고 한다. 전라도 지방의 사찰에는 이러한 누하진입이 드물다.

대웅전 앞뜰은 그다지 넓지 않다. 쌍탑을 격에 맞게 두었고 앞에는 길다란 강당을, 좌우에는 요사(寮舍)와 선방을 위치시켰다. 강당이 대웅전 뜰 앞을 막고 있어 주공간으로 들어오는 사람들을 모서리에서 기웃거리게 한다.

선암사의 가람 배치 형식에서 중요한 것은 다양한 영역과 축선이다.

사찰의 규모가 크고 불전의 수가 많으니 주축 외에도 여러 개의 축을 설정하여 둘 이상의 주불전이나 영역을 통합하는 데 사용하고 있다. 일주문에서 범종루, 강당, 대웅전을 잇는 주축을 형성하고 그 좌우에 쌍탑과 설선당(說禪堂), 심검당(尋劍堂) 등의 요사를 비롯한 각종 부속 건물을 배치하였다.

주축상에 위치한 이러한 대웅전 영역의 건물군 외에도 원통전 영역, 응진당 영역, 각황전(覺皇殿) 영역 등 경내 전체를 네 개의 영역으로 구분할 수 있다. 이들 소영역에도 조그마한 축이 형성되고 축을 중심으로 건물들이 배치되는데 대웅전 영역의 중심축에서 약간씩 비켜 서 있다. 특히 이러한 소영역들은 서로 분리되어 어느 정도 독립성을 유지하며 축대로 쌓여진 각각의 서로 다른 단 위에 펼쳐져 있다.

각 영역의 중심 건물들은 배치나 시각 면에서 독특한 방법으로 강조되고 있다. 대웅전은 커다란 규모와 다소 높은 기단 및 대칭적으로 배치된 적절한 높이의 쌍탑으로 인해 중심성이 강조되고, 원통전은 앞에 있는 나란한 두 건물, 곧 팔상전과 불조전 사이로 건물의 일부분만 보여 호기심을 자아낸다.

응진당 영역은 소규모의 중심축상에 두 개의 건물, 곧 응진당과 미타전(彌陀殿)을 나란히 두고 이 건물들이 서로 엇물리게 하여 대문에서 볼 때 전체 건물들이 다 보이도록 하였다. 또한 각황전 영역은 각황전 주위를 ㄷ자형의 무우전(無憂殿)이라는 승방이 둘러싸서 상대적으로 규모가 작지만 의미가 더욱 강조·부각되고 있다.

이러한 가람 배치 기법은 경사지고 좁은 대지를 적절히 이용하고자 한 산지 가람의 배치 방법으로 원래의 대웅전 영역에 부가적으로 원통전과 응진당, 각황전 영역이 시기를 달리하여 후대에 증축된 것이 아닌가 하는 추측을 할 수 있다.

선암사에는 종횡의 동선 체계에 막힘이 없다. 교차부를 가급적 피하

선암사의 가람 배치 선암사의 가람 배치 형식에서 중요한 것은 다양한 영역과 축선이다. 사찰의 규모가 크고 불전의 수가 많아서 여러 개의 축을 설정하고 둘 이상의 주불전이나 영역을 통합하는 데 사용한다. 또한 이 사진에서처럼 축과 직각을 이루는 통로가 발달되어 있다.

고, 특히 오르는 흐름 체계가 주로 고려되었으며 횡방향의 흐름도 소홀히 하지 않았다. 각 단마다 종횡의 길을 두고 영역마다 에워싸며 돌아갈 수 있게 하였다. 따라서 영역마다 접근이 용이하게 되고 부드러운 이끌림을 당하게 된다.

이처럼 선암사의 가람 배치 형식은 오랜 기간에 걸쳐 그 구성 형태가 많이 변화하여 왔으며, 신앙 체계가 바뀌어 온 까닭에 복잡하고 다양한 모습을 보인다. 그러나 교의(敎義)적으로 법화계(法華系) 사찰에서 나타나는 건축적 경향을 발견할 수 있다. 다시 말하여 쌍탑형의 기본적인 틀에 수많은 전각이 있어 다전형(多殿型)의 형식을 보이며, 네 곳 또는 다섯 곳의 영역을 이루어 다영역형이라고 표현할 수 있으며, 여러 영역에서 각기 소규모의 축이 형성되어 다축형의 배치 기법을 뚜렷이 나타내고 있다.

법화계 사찰에서 두드러진 쌍탑가람제는 이 신앙의 바탕이 되는 『묘법연화경』에서 그 이유를 찾을 수 있다. 석가여래의 존재를 증명하기 위해 출현한 다보여래가 거주하는 다보탑의 존재가 석가탑과 함께 쌍탑 구성을 하게 된 것이다. 특히 대웅전에 석가모니불을 모시고 선문이면서 천태종인 사찰이니 더욱 법화계의 신앙 체계에 가깝다고 하겠다.

선암사의 주요 건축물

선암사에 현존하는 건물은 42동이다. 이 건물들은 대부분 1825년의 중창 때에 이루어진 것으로 여겨지며 그 가운데 퇴락한 것은 부분적으로 보수한 것도 많다.

선암사의 각종 전각에 대한 명칭이 언급된 문헌들은 조선조나 일제 강점기에 작성된 것들이 대부분이다. 자료 중에서 가장 오래되고 예전의 모습을 잘 보여 주는 것은 「선암사중창건도」이다. 이 그림에는 선암사의 각종 건물은 물론 다소 떨어진 암자까지 그려져 있어 아주 귀한 자료이다. 특히 도면 위에 기문(記文)이 있어 가람의 전체적인 상황을 설명하고 있다.

曹溪山仙巖寺大覺國師重創建圖記
將軍大座玉女峰案對左有虎石右有仙岩仙岩下有屈目峙龍馬旗幟峰

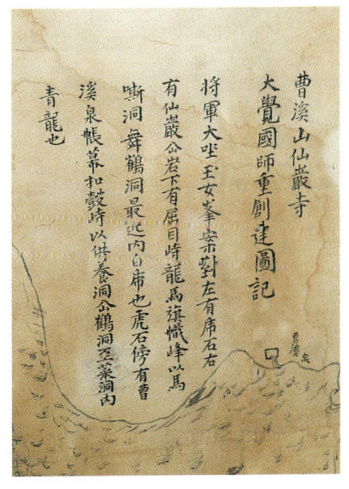

「선암사중창건도」 선암사의 각종 건물은 물론 다소 떨어진 암자까지 그려져 있는 귀한 자료로, 선암사에서 가장 오래된 것이다. 특히 도면 위에 기문이 있어 가람의 선체직인 상황을 이해하는 데 도움을 준다.

以馬斯洞舞鶴洞最近內白虎石傍有曹溪泉帳幕扣鼓峙供養洞至茱洞內
青龍也中峰結印有日月右重起峰隱龍來脈亥座巳向完然將軍之儼座唇
前有三印峰左有將軍石右有鞍莊石庚得甲破東西雙流洞門一合山明水
麗峯巒重重溪流潺二殆甲湖南也大法堂二層殿卽詵國師彌勒殿也中有
石鍾古跡應有兩寶塔後有三浮屠鐵佛是遺跡也法堂十三殿合十二寮房
二十六山庵十九其外奇奇妙妙俱載寺蹟只此不煩

高麗毅宗元年丁卯三月二十三日

… 대법당의 2층 전각은 곧 도선국사의 미륵전이니 가운데에 석종이
있다. 고적으로는 뜰에 2기의 보탑이 있고 뒤에 3기의 부도와 철불이 있
으니 이것이 곧 유적이다. 법당이 13동, 전사 12동, 요방이 26동, 암자
가 19동, 그 밖에도 기기묘묘한 것이 많으니 어찌 다 기록하리오.

따라서 과거의 유구(遺構)를 추정하는 것보다 선암사에 현존하는 대
표적인 건축 유구들을 입구에서부터 위로 오르면서 설명하고자 한다.

승선교

선암사의 경내에 들어서면 부도들이 즐비하게 서 있는 부도밭이 있
고 이를 지나 약간 오르면 주산인 조계산의 맑은 계류를 건너지르는 승
선교가 있다. 다리의 이름이 뜻하는 것처럼 속계에서 선계로 오르는 정
취를 자아낼 정도로 주변의 경치나 분위기가 극적이고 아름답다. 반원
형의 아치지만 물에 비친 반원(半圓)이 더해져 가득한 원을 이룬다. 반
원으로 부족한 것이 아니라 원으로 가득찬 것이다. 특히 물에 투영되어
비친 강선루와 주변의 풍물은 더욱 아름답다.

현재는 승선교 오른편으로 새로운 도로를 놓아 이 다리를 건너는 것
을 피하고 있다. 예전에는 선암사의 경역에 이르는 사람은 누구라도
이 다리를 건너야만 경내에 오를 수 있었다. 우리나라에서는 이처럼

넓은 아치를 튼 예가 없다. 돌로 이룬 인공적인 곡선미나 결구미가 빼어나다.

기저부(基底部)에 별다른 시설물 없이 자연 암반을 이용하여 육중한 무게를 떠받치고 있다. 자연 암반이므로 큰 홍수가 나도 끄떡없이 견고한 천혜의 기초를 이룬다. 아치는 지면에 맞닿은 하부부터 원형으로 내쌓기 시작하여 완전한 반원형을 이룬다. 결구 방법은 잘 다듬은 장대석(長臺石)을 가로로 한 단씩 빈틈없이 총총히 밀집시켜 스스로 무게를 지탱할 수 있도록 하였다. 기저부는 큰 돌로 쌓고 위로 오르면서 꼭대기 부분에는 다소 작은 돌들을 끼워 넣었다. 정교한 홍예석 주변 양 측면에는 잡석들을 쌓아 양쪽 언덕과 연결시켰으며 윗면에는 흙을 덮어 평평하게 하였다. 특히 요석(要石, 중심돌) 아래는 조그마한 석재를 빼내어 신기한 모습을 이루는데, 돌출시킨 석재가 용의 모습같다. 여기에는 고통의 세계에서 부처의 세계로 건너는 모든 중생들을 보호, 수용하겠다는 의지가 담겨져 있다.

『조선불교총보』제3호에 게재된「공예사료(工藝史料)의 선암사 승선교」에는 이 석교에 대한 내용들이 언급되어 있다. 이 글의 내용은 대부분 다리 옆에 있는「승선교비명(昇仙橋碑銘, 강희 52년 봄에 세움)」에 의한 것이다. 이 기록에 의하면 승선교의 초창은 숙종 33년(1707) 정해(丁亥) 12월에 시작되어 그로부터 6년 뒤인 숙종 39년 2월에 준공한 것으로 보인다.

홍예교는 중국에서 우리나라를 거쳐 일본에 선래된 깃으로 알려져 있다. 명(明)의 선승 여정(如定) 화상이 일본 유일의 개항장인 상기(長崎)에 가서 그 공법을 전한 것으로 현재는 그러한 유구가 일본에 남아 있지 않다고 한다. 이 홍교는 벌교에 있는 것보다 약 20년이 앞서고 그 작풍도 웅대한 자연미를 담고 있다.

승선교 다리의 이름이 뜻하는 것처럼 속계에서 선계로 오르는 정취를 자아낼 만큼 주변의 경치나 분위기가 극적이고 아름답다. 반원형의 아치지만 물에 비친 반원과 이어져 가득한 원을 이룬다. 요석(중심돌, 위 사진) 아래는 조그마한 석재를 빼내어 신기한 모습을 이루는데 마치 용의 모습 같다.

강선루 사찰의 출입용 문루 역할을 하는 팔작지붕의 중층 누각이다. 사찰의 실질적인 경역이 여기서부터 시작된다.

강선루

사찰의 출입용 문루(門樓) 역할을 하는 팔작지붕의 중층 누각이다. 강선루는 주 진입도로를 가로지르는 계곡 위에 서 있다. 누하(樓下)는 정면 1칸, 측면 1칸으로 하였으나 2층은 정면 3칸, 측면 2칸인 목조 팔작기와집이다. 여느 중층 누문처럼 계자(鷄子) 난간(닭벼슬과 같은 기둥을 세운 난간)을 돌렸으나 2층의 우물마루(井자 모양으로 널빤지를 가로 세로 놓은 마루) 위에는 가늘고 낮은 누상주(樓上柱)를 얹었다.

기둥머리에는 소로(小櫨)와 첨차(檐遮)로 외 1출목(出目)을 결구하여 주심포 형식을 취하였으며 살미[山彌, 도리에 직교하여 받친 공포 부재] 쪽은 익공(翼工) 형식을 하고 있어 주심포와 익공 형식이 서로 혼합된 모습을 보여 주고 있다. 기둥사이[柱間]에는 창방(昌枋, 대청 위의 장여 밑에 다는 넓적한 도리)으로 언결하였고 창방과 장여받침 굴도리 사이에는 빈 공간으로 처리하였다.

대들보 위에는 낮은 동자기둥[童子柱, 들보 위에 세우는 짧은 기둥]을 세우고 중보[中樑, 대들보와 마룻보 사이에 있는 보]를 얹었고 그 위에는 다시 판대공을 놓고 종도리를 걸쳐 5량 가구 형식을 하고 있다. 합각지붕의 가구를 위해 충량(衝樑, 집채의 좌우 쪽에서 상량과 동렬로 짜이는 단량)과 선자(扇子) 서까래가 설치되었는데 충량의 모습이 용의 형상을 하고 있다. 일반적인 사찰에서는 일주문을 지나야 누문이 있는데 선암사에는 누문이 일주문 밖에 있어 이채롭다.

일주문

기둥이 측면에서 보아 하나라고 해서 부르는 이름이다. 일주문은 사찰의 경역을 표시하며 하나이신 부처님의 말씀을 뜻하기도 한다. 또한 사찰의 권위를 표현하고 금표(잡귀나 불경스러운 것들의 출입을 제한하는 표식)나 경계의 기능을 갖는다. 선암사 일주문은 임진왜란과 병자호

일주문 사찰의 권위를 표현하고 금표나 경계의 기능을 갖는다. 일주문 양쪽으로 담장이 연결
되었고 돌계단으로 층계가 연결되어 있다.

란을 피해 유일하게 소실을 면한 건물이라고 하나 구전되는 내용으로 확인할 수 없다. 전체적인 모습은 전통 사찰의 일주문 양식을 잘 유지하고 있다.

이 일주문은 누문인 강선루를 지나 처음 들어서는 문으로 실질적인 사찰의 경역을 의미한다. 단층 맞배기와집으로 외 4출목의 다포식(多包式) 건축이다. 원형으로 잘 다듬어진 초석 위에 95센티미터 가량의 굵은 배흘림 두리기둥(원형기둥)을 세웠고 조그마한 주두(柱頭) 밑에 두 개의 용머리를 문과 평행하게 안쪽으로 끼워 장식하였다. 기둥사이에 3군(群)의 다포를 짜 맞추었는데, 소로와 첨차가 조그마하여 조금은 불안하다. 처마는 겹처마 밑에 있는 쇠서와 앙서가 가냘프다. 또한 창방 위에 평방(平枋)을 걸치고 주두 모양의 커다란 소로를 놓고 공포(栱包, 지붕의 무게를 받치기 위하여 기둥머리 등에 짜 맞추어 댄 나무쪽)를 짜 맞추었다. 일주문의 양쪽으로 담장이 연결되었고 돌계단으로 층계를 연결한 형식이다.

범종루

범종루는 일주문 다음에 대웅전과 축을 이루며 위치한 정면 3칸, 측면 2칸의 중층 종루(鐘樓)이다. 8단의 계단을 오르는 높은 기단 위에 사다리꼴 모양을 한 초석을 놓고 가는 누하주를 세웠다. 누하주는 그 머리 부분에 징귀틀과 동귀틀을 걸쳐 그 위에 누마루를 깔았다. 누상주는 낮고 굵다. 기둥머리에는 공포와 첨차로 이루어진 일반적인 공포 구조와는 달리 판형(板形)의 살미를 중첩하였다. 또한 굵은 대들보를 두 개의 주두가 받치고 있어 특이한 조형 기법을 보이고 있다.

대들보 위에는 동자기둥을 세우고 종보[宗樑, 지붕 가구에서 대들보 위에 걸리는 보]를 얹은 다음 그 중앙에 판대공을 놓아 종도리를 지탱하고 있다. 합각(合閣, 지붕 위쪽의 양 옆에 박공으로 人자 모양을 이룬

범종루 일주문 다음에 대웅전과 축을 이루며 위치하고 있다. 정면 3칸, 측면 2칸의 중층 종루이다.

각) 부분에서는 충량과 선자 서까래를 설치하였는데 충량의 모습이 용의 몸에 귀면(鬼面)을 하고 있어 특이하다. 일반적으로 사찰에서는 일주문과 종루 사이에 신중문(神衆門) 곧 천왕문(天王門), 금강문(金剛門), 인왕문(仁王門) 등이 들어서야 하는데 선암사에는 없다. 이것은 일주문과 종루 사이가 너무 좁아 이들을 수용할 공간적 여유가 없었기 때문이라 생각된다.

만세루(육조고사)

만세루, 곧 육조고사(六朝故寺, 六祖古寺의 다른 표현)는 선암사의 강당(講堂)에 해당하는 건물이다. 원래 초기 가람의 배치 형식에서는 강당이 금당(金堂), 곧 대웅전의 뒤에 있었다.

정면 5칸, 측면 2칸에 홑처마 맞배지붕인 목조 건물이다. 외벌대의 낮은 기단 위에 덤벙주초를 놓고 두리기둥을 세웠다. 기둥사이를 창방으로 연결하고 그 위에 3구씩의 소로를 두었다. 기둥머리 부분에는 주두와 이익공의 쇠서가 돌출되어 있다. 기둥 위에는 주두가 얹히고 그 위에 바로 대들보가 통칸으로 얹혔다. 대들보 위에는 동자기둥이 놓이고 그 위에 다시 중보를 걸친 다음 판대공을 놓고 장여받침 굴도리 모양의 종도리가 얹혀 있다. 통칸의 넓은 공간을 단일 부재인 커다란 대들보로 처리한 강직하고 간결한 건물이다.

일반적으로 전통 사찰에서는 가람 배치의 주축상에 누문을 두고 이 누문의 밑으로 진입하여 대웅전 앞 중정(中庭)에 이르게 하나 선암사에서는 누하로 진입하지 않고 누의 좌우로 돌아가게 하였다. 이것은 급한 경사를 이루는 지형을 누문에서 다소 완화시켰기 때문에 구태여 이곳에서 누하진입을 할 정도로 높낮이의 차이가 심하지 않은 탓이라 생각된다.

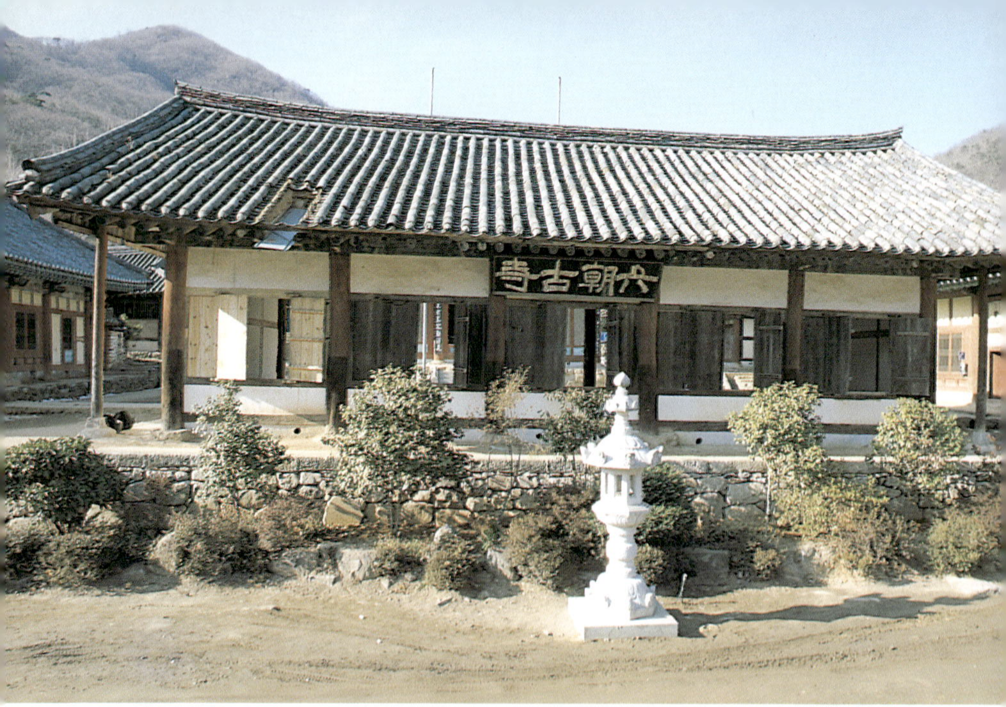
寺古朝六

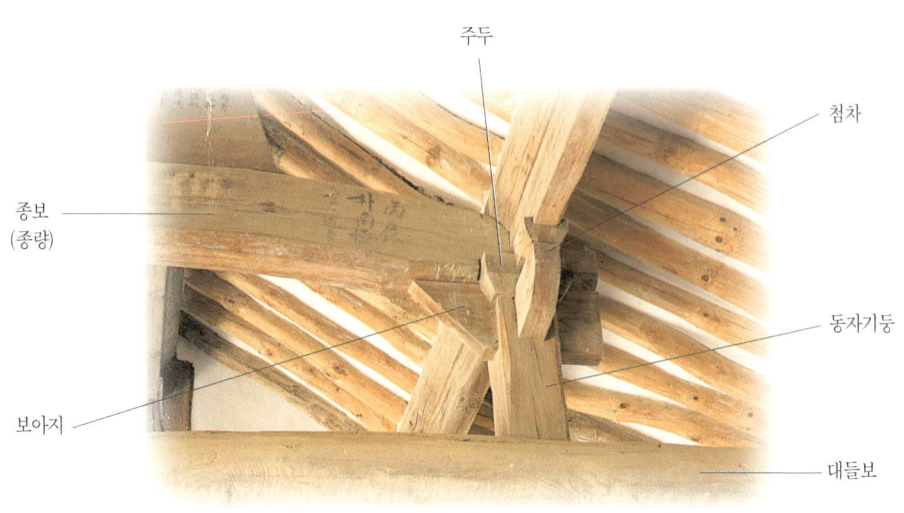

만세루 강당에 해당하는 건물로, 정면 5칸, 측면 2칸에 홑처마 맞배지붕의 목조 건물이다. 내부의 가구 구조(아래)는 간결하고 건실하다.

주두
첨차
종보
(종량)
동자기둥
보아지
대들보

심검당

대웅전의 중심축 오른쪽에 위치한 심검당은 요사채나 종무소(宗務所)로 쓰이고 있다. 중층으로 하여 아래층은 스님이 기거하는 승방으로 하고 위층에는 사찰에서 사용할 여러 가지 물건이나 음식, 곡물들을 보관한다. 외부에서는 1층 건물로 보이나 내부 구조는 2층으로 살림집을 연상할 정도로 단출하다.

두리기둥으로 익공 형식을 하였고 팔작지붕이 이어져 ㅁ자형을 이룬다. 마치 서울, 경기 지방의 양반집에서 안채를 이루는 기법과 같다. 이 건물과 비슷한 형태와 기능을 가진 설선당이 대칭을 이루며 위치하고 있다. 내부는 조그마한 중정을 두어 개방적이나 외부는 창문과 벽으로 둘러져 폐쇄적인 기능을 갖는 것이 흥미롭다.

설선당

사찰의 중심축에서 왼쪽에 위치하며, 현재는 스님들이 공양을 하는 곳이다. 낮은 기단에 덤벙주초를 놓아 두리기둥을 세우고 초익공 형식을 한 단출한 건물이다.

맞배지붕이 이어져 ㅁ자를 이루고 중앙의 조그마한 마당을 향해 건물이 집중 배치되어 있다. 외부에서는 단층 건물로 보이지만 내부는 중층이다. 1층에는 스님들이 기거하고 2층은 수장(收藏) 공간으로 활용한다.

대웅전

이 사찰의 주불전으로 일주문과 범종루를 잇는 중심축에 위치한다. 대웅전은 정유재란으로 인하여 모두 불에 탄 뒤 현종 원년(1660)에 경잠, 경준, 문정 세 대사가 주축이 되어 현재의 대웅전을 중수하였다고 한다. 「선암사중창건도」의 기문에는 "대법당의 2층 전각은 곧 도선국사

심검당 요사채나 종무소로 쓰이는 건물이다. 중층으로 하여 아래층은 스님이 기거하는 승방으로 하고 위층에는 사찰에서 사용할 여러 가지 물건이나 음식을 보관한다. 외부 벽(왼쪽)에는 '수(水)', '해(海)'라고 쓰인 환기창이 나 있다.

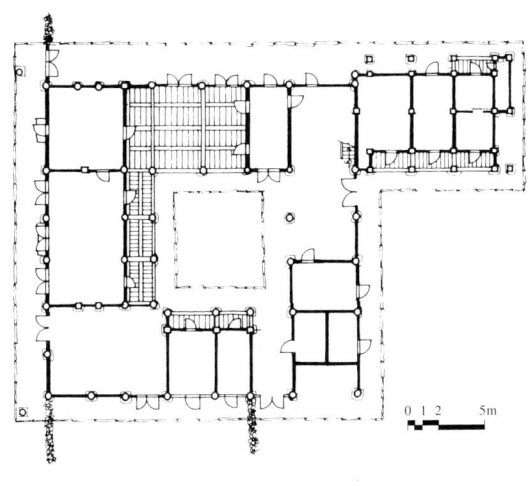

심검당 평면도

의 미륵전이니 가운데에 석종(石鍾)이 있다"고 기록되어 있어 현재의 대웅전이 예전에는 미륵전이었고 형태가 중층이었을 것으로 짐작된다.

현재의 모습은 정면 3칸, 측면 3칸인 다포 양식의 팔작집으로 장엄하고 화려하다. 높직한 다듬은돌 기단 위에 주좌(柱座)가 뚜렷한 원형 주초를 놓고 민흘림 두리기둥을 세웠다. 기둥 위로는 창방과 평방을 배치하고 그 위로 공포를 짜 올렸는데 출목수는 외 3출목, 내 4출목으로 매우 화려하다. 내부는 층단을 이룬 우물천장으로 단청을 하였으며 아직도 그 문양이 선명하다. 통칸을 연결하는 대들보는 굵고 박공면에서 합각 부분까지 용 모양으로 장식하여 걸쳤다.

창문은 3칸 모두 4분합인데 빗살문은 교창(交窓, 분합문 위에 가로로 길게 짜서 끼우는 창)을 달지 않았다. 주불(主佛)인 석가모니불을 모셨고 후불탱화에도 석가모니불을 그렸다. 기단에는 과거에 불탄 흔적이 있으며, 지대석을 놓고 모서리 기둥[隅柱]과 버팀 기둥[撑柱]을 세워

대웅전 사찰의 주불전으로, 정유재란 때 모두 소실된 뒤 현종 원년에 경잠, 경준, 문정 세 대사가 주축이 되어 현재의 대웅전을 중수하였다고 한다. 현재 모습은 정면 3칸, 측면 3칸인 다포 양식의 팔작집으로 장엄하고 화려하다. 사진 : 김성철.

면석을 짜 맞춘 다음 기단 갑석(甲石)을 얹은 전형적인 기단 형식을 하고 있다.

지장전

대웅전의 바로 우측에 직각 방향으로 대웅전을 향하여 서 있다. 명부

대웅전 공포(위)**와 내부의 천장**(아래) 기둥 위로는 창방과 평방을 배치하고 그 위로 공포를 짜 올렸는데 출목수는 외 3출목, 내 4출목으로 매우 화려하다. 내부는 층단을 이룬 우물천장이며 단청을 하였고 아직도 그 문양이 선명하다. 통칸을 연결하는 대들보는 굵고 박공면에서 합각 부분까지 용 모양으로 장식하여 걸쳤다.

(冥府, 사후 세계)의 십대왕(十大王)이 모셔져 있다. 사찰 내 전각 중에서 가장 많고 화려한 조상(彫像)들이 모셔져 있으나 규모가 그다지 크지 않다. 정면 3칸, 측면 1칸의 맞배집으로 겹처마를 하고 있는 단촐한 건물이다. 외벌대의 낮은 기단 위에 덤벙주초와 잘 다듬은 원형 초석을 놓고 두리기둥을 세웠다.

기둥머리에는 창방과 평방을 걸치고 주두를 얹었다. 공포는 주심포 형식이나 살미 부분은 익공 형식을 하고 있다. 외목도리의 모습이 8각형으로 특이하다. 박공(欂栱) 부분에는 풍판(風板, 박공 아래에 길게 연이어 댄 널빤지)이 설치되었고 모로단청(부재의 머리 부분에만 무늬를 넣은 단청)이 약하게 되어 조촐한 모습을 보인다.

응향각

대웅전 서편에 남쪽을 향하여 서 있는 선방으로 선암사의 중요한 유구들을 보관하고 있는 창고이기도 하다. 정면 4칸, 측면 1칸에 전후툇집이다. 홑처마의 맞배지붕에 남쪽과 북쪽에 정면을 두고 담으로 외곽을 둘러쌌다. 특히 맨 우측의 지붕은 북쪽으로 꺾여 ㄱ자형을 이루었다. 북쪽은 낮은 외벌대의 기단 위에 덤벙주초를 놓고 두리기둥을 세웠다. 기둥머리에는 굴곡이 심한 우미량(牛尾樑, 파리를 쫓는 황소 꼬리 모양으로 휜 보)과 장여받침 납도리(모나게 만든 도리)를 결구하여 서까래를 받치고 있는 단순한 민도릿집이다. 특히 천장을 낮게 하고 동자기둥을 높게 하여 서까래와 천장 사이를 드나들 수 있게 한 것이 흥미롭다. 남쪽 면은 외부로 향하게 되어 기둥사이에는 소로로 장식하였고 기둥에는 초익공으로 결구하였는데 도리가 8각이다.

삼전

삼전은 팔상전 우측에 주축에서 직각 방향으로 배치되었다. 현재는

지장전 명부의 십대왕이 모셔져 있으며 규모는 그다지 크지 않다. 정면 3칸, 측면 1칸의 낮배집으로 겹치마를 하고 있는 단촐한 건물이다.

주지 스님이 거처한다. 정면 4칸, 측면 2칸의 맞배집이다. 겹처마에 측면에는 풍판을 달았다. 낮은 이벌대의 기단 위에 덤벙주초를 놓고 두리기둥을 세웠다. 기둥머리 부분에는 소로와 첨차가 없이 보아지(樑棒, 대들보와 종보를 떠받는 받침)와 장여받침 납도리로 결구한 민도릿집이다. 외진기둥(外陣柱)과 내진기둥(內陣柱)을 같은 높이로 세워 그 위에 대들보를 걸쳤기 때문에 대들보 위와 서까래 사이가 도리 없이 벽으로 처리되었다. 건물의 뒤쪽에는 좁은 쪽마루가 설치되었다.

삼전 주지 스님이 거처하는 곳으로 측면에는 풍판을 달았다. 건물의 뒤쪽에는 좁은 쪽마루가 설치되어 있다.

불조전

대웅전 뒤쪽의 중심 축선상에 팔상전과 나란히 위치한다. 이 불조전
에는 대개 사찰의 개창자나 중창자, 중수자 및 역대 주지들이 모셔진
다. 정면 3칸, 측면 3칸의 목조 팔작기와집으로 주심포 형식에 익공 형
식이 가미된 조선 후기 건물이다. 높은 축대로 대지를 형성하고 낮은
외벌대 기단을 이루었다. 덤벙주초와 잘 다듬어진 원형 초석을 섞어 쓰
고 두리기둥을 세웠다. 기둥사이는 창방으로 연결하였으며 창방 위에
는 화반(花盤, 도리를 받치는 장여 밑에 그려 끼우는 널 조각)을 두지 않
고 동자기둥을 세워 뜬창방(동자기둥이나 마룻대공에 끼워 얹힌 창방)을
지지하고 있다.

기둥머리에는 주두를 얹었고 벽면과 나란히 첨차와 소로로 이루어진
외 1출목의 공포가 있어 주심포 형식을 하고 있다. 그러나 직각 방향의
살미첨차가 익공 형식을 하고 있어 주심포와 익공 두 형식이 가미된 모
습이다. 또한 외목도리는 1출목인 까닭에 벽면에서 약간 돌출하여 서
까래를 받치고 있다.

내부 구조는 통칸으로 외진칸의 평주(平柱, 건물 외곽에 세운 기둥)
위에 주두를 놓고 그 위에 직접 장여받침 대들보를 걸쳤다. 대들보 위
에는 우물천장을 설치했으며 중앙부에는 동자기둥을 두어 한 단을 높
인 층단 천장으로 꾸몄다. 특히 팔작지붕에서 보이는 충량은 양 측면에
서 두 개씩 안으로 오면서 크기를 줄여 설치하였다. 어간(御間, 맨 가
운데에 있는 칸)은 4분합, 툇간(退間)은 2분합빗살문이다.

팔상전

석가모니의 전생부터 열반에 이르기까지의 일대기를 압축하여 여덟
장면의 그림으로 표현한 것을 팔상도라 한다. 이 그림들을 모시고 석가
여래를 기리는 불전이 팔상전이다. 불조전과 나란히 대웅전의 뒤에 한

불조전 사찰의 개창자나 중창자, 중수자 및 역대 주지들이 모셔지는 곳이다. 정면 3칸, 측면 3칸의 목조 팔작기와집으로 주심포 형식에 익공 형식이 가미된 조선 후기 건물이다.

단 높게 축대를 쌓아 위치하였으며, 전라남도 유형문화재 제60호로 지정되어 있다. 「선암사사적기」에 강희 43년(1704)과 숙종 33년(1707)에 중수하였다는 기록이 있는 것으로 보아 18세기 초에 건립되었거나 손질이 가해진 것으로 여겨진다.

정면 5칸, 측면 3칸의 단층 맞배기와집이다. 낮은 기단 위에 막돌초석을 놓고 두리기둥을 세웠는데 측면의 두 기둥만이 네모기둥이다. 기둥 위에는 주두를 놓고 첨차를 짜 올렸으며 기둥 사이의 창방 위에는 귀면의 화반을 놓아 도리 밑의 장여를 받치고 있다. 기둥 윗부분은 주두를 얹고 첨차와 소로로 외 1출목의 공포 형식을 취하나 살미 부분이 익공 형식을 하고 있어 이들 두 형식이 혼합된 모습이다.

내부의 대들보 위에는 직접 널빤으로 천장을 가설하였으며 불단 위에만 우물천장을 가설하였다. 천장 위의 내부 구조는 알 수 없으나 측면의 구조는 평주로 외진을, 고주로 내진을 구성하여 일반적인 맞배지붕의 모습을 하고 있다. 다시 말해 대들보나 종보가 2중량 구조를 하여 무위사 극락전이나 도갑사 해탈문과 같은 주심포 계통을 하고 있다.

육당 최남선의 「심춘순례(尋春巡禮)」에 의하면 팔상전에는 화장찰해도(華藏刹海圖)를 주벽으로 모시고 전무(前廡)에는 팔상도, 후무(後廡)에는 33조사상(祖師像)을 모셨다고 하나 현재는 보이지 않는다.

팔상전 팔상도를 모시고 석가여래를 기리는 불전이다. 육당 최남선의 「심춘순례」에 의하면 팔상전에는 화장찰해도를 주벽으로 모시고 전무에는 팔상도, 후무에는 33조사상을 모셨다고 하나 현재는 보이지 않는다.

원통전

원통전은 주원융통(周圓融通)한 자비를 구한다는 뜻을 지닌다. 원통전은 부불전(副佛殿)으로 보살단에 속하는 경우 관음전(觀音殿)이라고도 한다. 관세음보살을 주불로 봉안한 불전의 협시로는 남순동자(南巡童子), 해상용왕(海上龍王)이 있으나 여기에서는 이들을 조각하지 않고 후불탱화에서만 나타나고 있다.

선암사 원통전은 조선 현종 원년(1660)에 경잠, 경준, 문정 세 대사가 초창하여 숙종 24년(1698) 약휴대사가 중창하였고 그뒤 순조 24년(1824)에 해붕, 눌암, 익종 세 대사가 재중수한 건물로 현재에 이르고 있다. 22대 정조대왕이 후사가 없자 선암사 눌암대사에게 100일 기도를 부탁하여 순조를 얻게 되었는데, 뒤에 순조는 그 은혜에 보답하기 위해 '인', '천', '대복전'이란 친필 현판을 하사하였다. 이 현판은 현재 건물의 내부에 걸려 있다.

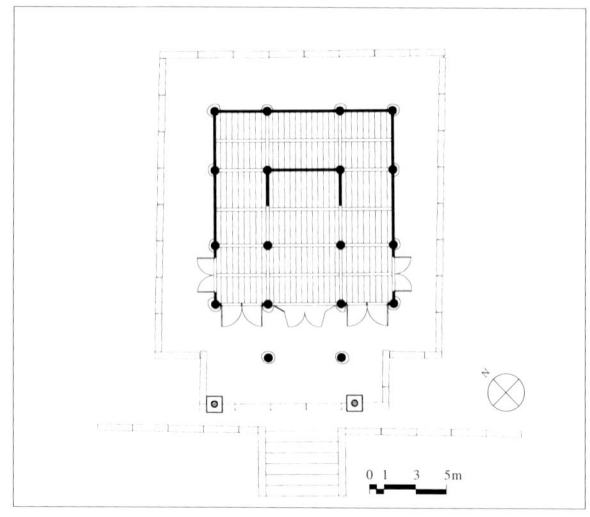

원통전 평면도

원통전 정면 3칸, 측면 3칸의 아담한 건물로 정면에 각각 두 개의 기둥과 활주를 내어 사찰 건축에서는 보기 드문 T자형 평면을 이룬다. 내부에는 '내복전'이라는 순조 친필 현판이 걸려 있다.

원통전은 정면 3칸, 측면 3칸의 아담한 건물로 정면에 각각 두 개의 기둥과 활주(活柱)를 내어 사찰 건축에서는 보기 드문 T자형 평면이 특이하게 주목된다. 내부는 내진과 외진으로 나누어 내진의 북쪽면 한 쪽을 막아 불상을 안치하는 불단으로 사용하고 있다. 예전에는 내진칸의 북쪽면 이외에는 모두 문이 있었다고 한다. 또한 『조선고적도보(朝鮮古跡圖譜)』를 보면 외부 벽에는 북쪽면에만 벽이 있고 앞면과 양 측면에는 벽이 없이 개방되고 계자 난간을 설치한 것을 알 수 있다.

기단은 장대석으로 전면은 약 1미터 정도 되는 축대를 쌓아 올렸고 양 측면과 뒷면은 외벌대로 되어 있다. 덤벙주초와 원형의 다듬은돌로 이루어진 초석은 위에 두리기둥을 세웠다. 기둥 위로는 주두를 얹고 창방을 걸었으며 창방과 장여 사이에 화반과 동자기둥이 있다. 내부는 보가 없는 무량(無樑) 구조로 전남 화순의 쌍봉사 대웅전과 같은 형식에 속한다.

내진과 외진은 간단한 벽과 문으로 구분하고 내진은 불단으로 사용하고 있다. 외진의 천장은 우물반자로 짜여져 있으며 내진의 천장은 출목을 연결시켜 천장을 이루고 있다. 지붕은 전면의 돌출로 합각이 세 곳인 팔작지붕이며 겹처마로 되어 있다. 전면에 양쪽으로 쌍여닫이문과 중앙에 4분합문이 있고 양 측면에는 쌍여닫이문이 하나씩 있다.

장경각

건물의 명칭이 의미하는 대로 각종 경전을 보관하는 건물이다. 정면 3칸, 측면 3칸의 목조 팔작기와집으로 대웅전의 북서쪽에 위치한다. 잘 다듬은 장대석을 사용하여 정면은 세벌대, 측면은 외벌대로 기단을 쌓았다. 특히 어간 부분의 계단은 소맷돌 부분이 해태와 사자 모양을 하여 흥미롭다.

주좌와 운두(雲頭)가 뚜렷한 원형 초석을 놓고 두리기둥을 세웠다.

선암사 대부분의 건물이 그러한 것처럼 기둥머리에는 창방을 걸치고 그 주위에 주두를 얹어 주심포 형식을 하면서도 익공 형식을 가미한 구조를 하고 있다. 이러한 양식은 조선 후기의 목조 건축에서 흔히 나타나는데 주심포와 익공 형식의 전형적인 모습을 혼합한 것이다.

『조선고적도보』에는 장경각이 2층으로 기록되어 있는데 현재의 건물은 단층이다. 이 문헌에 의하면 1층은 정면 3칸, 2층은 정면 1칸을 1층의 중앙칸 위에 그대로 올렸다. 또한 1층은 중앙칸에만 창호를 두었고 좌우측 칸은 마루를 깔았던 것으로 보이며 난간을 둘렀다.

삼성각

삼성각(三聖閣)은 대웅전의 북서쪽에 있는 조그맣고 간결한 건물이

장경각 각종 경전을 보관하는 건물이다. 주심포와 익공 형식을 혼합한 모습으로 조선 후기 목조 건축에서 흔히 나타난다.

다. 여느 사찰의 삼성각과 마찬가지로 정면 3칸, 측면 2칸인 맞배지붕의 기와집이다. 중앙의 칠성단을 중심으로 좌우에 독성단과 산신단이 형성되었다. 외벌대의 낮은 기단 위에 덤벙주초를 놓고 두리기둥을 세웠다. 기둥머리에는 소로와 첨차가 없이 보아지와 주두를 얹고 그 위에 굵은 대들보를 놓아 장여받침 굴도리와 직각 방향으로 결구하였다.

내부는 통칸으로 처리하여 평주 위에 직접 대들보를 걸치고 우물마루를 설치하였다. 지붕에는 겹처마에 단청을 하였으며 풍판을 달았다. 툇간의 문은 2분합, 어간은 4분합으로 띠살문이다. 바닥은 우물마루를 깔았다.

삼성각 대웅전 북서쪽에 있는 조그맣고 간결한 건물이다. 여느 사찰의 삼성각과 마찬가지로 정면 3칸, 측면 2칸의 맞배지붕 기와집이다.

응진당

응진당(응진전)은 석가모니의 설법장인 영산회상(靈山會相)에서 유래한 전각으로 『유마경(維摩經)』, 『증일아함경(增一阿含經)』 등에 나오는 제자를 모셔야 하나 조선시대에는 십육나한을 모시는 것이 일반적이어서 나한전, 영산전이라고 불렀다. 선암사의 경역 내에서는 가장 뒤쪽에 있는 조그마한 승원이며 이 영역의 주불전이다. 중심축 좌측에는 달마전(達磨殿)이, 우측에는 진영당(眞影堂)이 배치되어 있다.

선암사의 응진당은 여느 사찰에서와 같이 정면 3칸, 측면 3칸의 목조 맞배기와집이다. 깬돌을 경사지게 쌓아 높은 축대를 이루고 그 위에 덤벙주초를 놓은 다음 두리기둥을 세웠다. 기둥사이는 기둥 위에 창방을 걸치고 그 위에 화반을 놓은 다음 소로를 얹어 뜬장여를 받치고 있다. 선암사의 각종 전각에서처럼 이 건물도 주심포 형식과 익공 형식이 섞여 있다. 또한 벽면에서 1출목이 튀어나오고 그 위에 장여받침인 외목도리를 받치고 있어 단출한 소규모 전각의 분위기를 보이고 있다.

외진의 평주와 평주 사이에는 굵은 대들보를 걸치고 어간에는 우물천장을 설치하였으며, 좌우측의 툇간에는 와형(渦形, 소용돌이) 문양이 장식된 널빤을 천장으로 설치하였다. 측면은 내진에 고주를 두 개 세우고 그 위에 중보를 걸친 다음 마룻대공을 세워 장여받침 종도리를 걸쳤다. 북쪽면은 외 1출목의 강직하고 견고한 주심포 형식을 하고 있다.

진영당

중심축을 향하여 응진당 오른쪽에 배치되어 있는 건물로 선암사 큰스님들의 진영을 모셔 놓은 곳이다. 이벌대의 낮은 기단 위에 세워져 있으며 정면 3칸, 측면 2칸의 조촐하고 조그마한 건물이다. 기단 속에 주초가 묻혀 있고 두리기둥이 그 위에 서 있다. 기둥 위에 특별한 장식이 없는 민도리 형식으로 맞배지붕과 팔작지붕을 하고 있다. 양 측면

응진당 선암사의 경역 내에서는 가장 뒤쪽에 있는 조그마한 승원이며 이 영역의 주불전이
다. 중심축 좌측에는 달마전이, 우측에는 진영당이 배치되어 있다.

진영당 선암사 큰스님들의 진영을 모셔 놓은 곳으로 조촐하고 조그마한 건물이다.

평보 위에 대들보를 걸치고 그 위에 동자기둥 두 개가 세워져 중보를 받치고 있는데, 그 위에 마룻대공을 세운 다음 종도리를 받치고 있다.

달마전

중심축을 향하어 응진당 왼쪽에 배치되어 있다. 정면 5간, 측면 6칸의 ㄱ자형 건물로 응진당 경역의 요사와 선방 형식을 하고 있다. 원래는 중심축과 나란한 건물이 있으나 그 끝을 직각 방향으로 연결하여 ㄱ자형을 이룬 듯하다. 지붕의 형식은 응진당 쪽은 맞배지붕, 반대쪽은 팔작지붕이다. 원래는 낮은 기단이었을 것으로 보이나 초석이 묻힐 만큼 기단을 높였다. 기단에 묻힌 초석 위에는 두리기둥을 세우고 기둥머리에 주두를 얹은 민도리 형식을 하였다. 맨 위쪽의 칸은 부엌이고, 나머지는 모두 선방으로 쓰고 있다.

중정 쪽으로는 조그마한 문밖에 없어 폐쇄적이나 그 반대 방향인 조계산 쪽으로는 넓은 마당과 후정(後庭)을 두어 개방적으로 보인다. 또한 응진당 영역은 주변이 담장으로 둘러싸였기 때문에 이 건물은 북서쪽을 향하며 독립된 공간을 형성하고 있다. 가칠(假漆, 단청할 때 애벌로 채색함) 단청에 머리초(기둥이나 들보 같은 것의 머리 부분에 그린 단청)만을 칠한 수수한 건물이다.

미타전

응진당 오른쪽에 나란히 위치한 요사 형식의 승방으로 정면 3칸, 측면 1칸에 전퇴(前退)인 건물이다. 원래 미타전은 대웅전과 함께 조선시대 사찰에서 2대 불전으로 여겨지는 중요한 전각이다. 그러나 응진당 영역에서의 미타전은 상징적인 의미 외에 특별한 의미는 부여할 수 없다. 미타전의 주존인 아미타불을 모셔 놓지도 않고 요사나 선방으로 쓰고 있기 때문이다.

낮은 기단 위에 덤벙주초를 놓고 두리기둥을 세웠으며 기둥 위에는 특별한 공포 형식을 취하지 않은 민도릿집이다. 가구 구조는 양쪽에 평주를 세우고 이들 사이에 대들보를 걸친 다음 그 위에 마룻대공을 세워 종도리를 받치고 있다. 실의 구성은 왼쪽 2칸을 방으로, 오른쪽을 부엌으로 쓰고 있다. 이처럼 응진당 불전의 오른쪽에 연이어서 선방을 설치한 까닭은 대가람 내에 있는 조그마한 승원으로 독립된 구성 형식을 하고 있기 때문이다.

산신각

응진당 바로 뒤에 있으며, 토속적 민간 신앙의 대상이 되고 있는 건물이다. 일반적인 사찰의 경우 산신각은 선암사에서와 마찬가지로 사찰의 맨 위에 위치한다. 신앙의 위계상 하단에 속하며 의미론적으로는 승화 공간에 위치한다. 선암사의 산신각은 여느 사찰과 마찬가지로 작은 법당인데 정면, 측면 각 1칸으로 겹처마에 맞배지붕을 한 낮고 단촐한 건물이다. 내부가 좁은 까닭에 문 밖에서 예배한다.

벽면은 흙을 이용한 심벽(心壁, 벽 가운데에 뼈대를 짜고 안과 밖을 흙으로 바른 벽) 구조로 하지 않고 널빤을 세워 벽을 만들었다. 전면만이 주두를 얹어 익공 형식을 하고 있고 창방 이상의 부재는 중첩하여 납도리까지 이루고 있다. 주벽에는 호랑이와 동자를 대동한 신령탱이

산신각 전형적인 사찰에서는 보기 어려운 기복 신앙의 대상으로 내부가 좁아서 문 밖에서 예배한다.

걸려 있다. 신앙의 대상인 산신 탱화에는 항상 호랑이와 산신이 함께 등장하는데 인격체로서 산신을, 화신으로서 호랑이를 숭배한다. 이 산신각은 전형적인 사찰에서는 보기 어려운 기복 신앙의 대상으로 무척 흥미로운 예이다.

무우전

무우전은 선암사 북쪽, 대웅전의 북동쪽에 위치한다. ㄷ자형으로 전면이 둘러싸인 무우전 뒷마당에는 철불이 봉안되어 있는 각황전이 있다. 선암사에서는 제일 외진 곳에 위치하여 선방으로는 적격이다.

무우전 선암사에서는 제일 외진 곳에 위치하여 선방으로는 적격이다. 사찰의 요사채라기보다는 양반집을 연상케 하는 건물이다.

사찰의 요사채라기보다는 양반집을 연상케 하는 건물이다. 건물의 뼈대가 굵고 칸살이 넓다. 전면 8칸 반, 측면 6칸의 한식 기와로 전면은 팔작지붕이고 양 측면의 날개는 맞배 기와지붕이다. ㄷ자형 평면을 한 집의 모양으로 다소 높은 막돌 허튼층쌓기를 한 기단 위에 건물을 세웠다. 툇마루가 설치된 앞뒷면은 두리기둥, 나머지는 네모기둥으로 되어 있으며 주초석은 자연석 덤벙주초로 되어 있다. 지금은 선방 겸 요사채로 사용하고 있으며 태고종 종정(宗正)의 침실이 마련되어 있고, 대개 외지인들에게 제공하는 방이다.

각황전

각황전의 본래 이름은 장륙전(丈六殿)이다. 부처님의 몸을 일컬어 장륙금신이라 말한다. 장륙전에는 석가여래의 모습인 장륙존상을 봉안했을 것이고 그러한 장륙존상의 예는 신라 황룡사 금당 장륙존상대석(丈六尊像臺石)의 유지(遺址)에서 알 수 있다.

선암사 각황전은 경내 가장 구석진 곳에 위치하고 있다. 대웅전과 여러 전각들을 지나 북쪽 끝 지점에 무우전이 있는데 이곳의 안쪽에 있는 정면 1칸, 측면 1칸의 소형 전각이 바로 각황전이다. 내부에는 건물 창건 당시에 주조하여 1900년경에 석고로 바른 철불을 현 위치에 봉안하고 있다.

각황전은 남향으로 지면보다 5단 정도 높게 축대를 쌓아 기단을 형성하고 있다. 자연석으로 된 기단의 앞면을 제외한 나머지 3면은 위법대로 되어 있다. 초석은 장대한 자연석으로 위에 두리기둥을 세웠다. 낮은 기둥 위로는 창방과 평방을 얹은 뒤 공포를 얹어서 건물의 높이를 한층 더 올렸으며 창방머리와 평방머리는 모두 수직으로 절단하여 단순하게 처리하였다. 포작은 다포 양식으로 외 2출목에 내부는 출목 없이 첨차에 연결된 가늘고 긴 부재의 끝을 수직으로 절단하여 층을 쌓아

각황전 정면 1칸, 측면 1칸의 소형 전각이다. 좌향은 남향으로 지면보다 5단 정도 높게
축대를 쌓아 지반을 형성하였다.

올렸다. 목조탑에서 주로 나타나는 무량 구조로서 천장에 우물반자가
짜여져 있다. 이러한 예는 선암사 원통전과 화순 쌍봉사의 목조탑에서
찾아볼 수 있다. 지붕은 겹처마의 팔작지붕으로 되어 있으며 창호는 정
면에 쌍여닫이문과 좌측면에 외여닫이문이 있다.

대변소

대변소(大便所)는 '뒤깐'이라는 현판이 붙어 있으며, 一자형 건물의
북측 중앙에 출입용으로 맞배지붕을 붙여 T자형을 이루고 있다. 단순
한 사찰의 화장실이지만 기능과 형태에서는 퍽이나 흥미롭다.

대변소 '뒤 깐'이라는 현판이 붙은 T자형 건물이다. 바닥의 짜임이 우수하고 남·여 칸을 구분하거나 많은 사람을 수용할 수 있도록 2열로 배치한 고려가 흥미롭다. 왼쪽은 수리전 모습.

전체적으로 목재를 사용하여 불편한 것 같으면서도 고풍이 있고, 지면에서 높아 악취가 덜 나며, 앞뒤에 살창을 두어 통기가 잘 되는 등 화장실로서의 기능에 충실한 지혜로움을 보이고 있다. 특히 바닥의 짜임이 우수하고 남·여 칸을 구분하거나 많은 사람을 수용할 수 있도록 2열로 배치한 고려는 흥미롭다. 다만 출입구의 박공 부분에서 느껴지는 의장은 일본 건축에서 흔히 볼 수 있는 요소로서 다소 이국적인 느낌을 준다.

창파당

창파당(滄波堂)은 선암사의 서쪽 단부에 있으며 종무소와 강원으로 사용하고 있는 ㅁ자형 건물이다. 건물로 둘러싸인 ㅁ자형 안마당과 방의 구성은 전통적인 양반집의 안채를 연상케 하지만 유리창을 단 넓은 툇마루는 언뜻 보기에 일본 건물 같은 느낌을 준다. 넓은 마루방과 조그마한 온돌방으로 구성되어 강원과 선방으로 쓰기에 편리하게 되어 있다. 채의 구성은 단층의 낮은 ㄱ자형 건물에 중층의 누가 있는 ㄴ자형 건물이 이어져 ㅁ자를 이루고 있다. 선암사에는 설선당, 심검당 등의 ㅁ자형 건물이 많아 흥미롭다.

무량수각(천불전)

무량수각(無量壽閣)은 선암사의 서북쪽 단부에 위치한 교육원으로 옛날에는 천불전(千佛殿)이라 불렀다. 경사지에 단을 이루어 축조하였고 구배〔勾配, 기울기〕에 따른 지붕의 물매(지붕 등의 비탈진 정도)와 이음이 아름답다. ㅁ자형 건물로 중앙에 중정을 두었고 전체가 중층을 이루고 있다. 중정에는 소대(消臺, 밤에 불을 밝히는 대)가 보인다. 건물의 평면 형식은 양반집의 안채와 비슷하나 규모가 커서 압도적이고 방들을 나눔에 있어 보다 많은 사람을 수용할 수 있도록 공간을 할당한

창파당 종무소와 강원으로 사용하는 ㅁ자형 건물이다. 단층의 ㄱ자형 건물에 중층의 누가 있는 ㄴ자형 건물이 이어져 있다.

것 같다. 북쪽은 높은 단을 쌓아 낮은 2층과 한 동을 이루고, 좌우와 남쪽의 동은 선암사의 다른 口자형 건물에 비해 더 높은 편이다.

2층의 누에는 난간의 모습이 보이지 않는다. 기둥은 8각, 방형, 원형이 혼용되었다. 중층의 바닥은 널빤지를 깔았고 전형적인 누마루처럼 장귀틀과 동귀틀을 틀었다. 남쪽의 건물은 후퇴(後退)가 있는 무고주5량집이지만 나머지 건물은 무고주3량이다. 특히 남쪽 건물은 서까래와 천장 사이가 벌어지고 개방되어 있어 흥미롭다. 또한 외부에서 보면 높고 좁은 익공식 건물의 좌우에 박공면이 붙어 왠지 일본식 건물의 느낌이 든다. 앙서와 쇠서가 조합되고 그 위에는 앙화(仰花)와 봉두(鳳頭, 봉황의 머리 모양)가 장식되어 있다. 전체적으로 높고 골격이 커 웅장해 보이며 이국적인 느낌이 든다.

1988년 해체 보수 중 전면 2층 종도리 하부에서 상량문이 발견되어 원안은 선암사에서 보관하고 다시 작성한 원안의 상량문과 중수 상량문을 본래의 위치에 함께 넣었다. 원래 상량문의 규격은 축문(祝文)이 28.3×149센티미터, 본문은 94.5×125센티미터이며 한지(韓紙)로 되어 있다. 이 중수 상량문에 의하면 숭정기원후4갑진(崇禎紀元後四甲辰, 1844년)에 중수하였음을 알 수 있다.

선암사의 유물

『조선금석총람(朝鮮金石總覽)』의 「선암사중수비」에 따르면 선암사의 유물로는 일찍부터 1철불, 2보탑, 3부도가 있었던 것으로 알려져 있다. 이들이 바로 선암사의 수많은 유물 가운데 가장 대표적인 것이며, 초창기의 모습을 보여 준다. 각황전의 주불로 봉안되어 있는 철불은 통일신라 말이나 고려 전기에 조성된 것으로 추측되며, 대웅전 앞에 있는 2기의 석탑은 신라 9세기 작으로 잘 알려져 있고, 3기의 부도는 대각암부도, 북부도, 동부도 등으로 신라 말에서 고려 초 사이에 조성된 것으로 보인다.

불상

선암사에는 모두 120여 구에 달하는 불교 조각상이 있는데, 재질별로 살펴보면 철불 1구, 금동불 1구, 마애불 1구 등이며 나머지는 모두 목조각상이다. 이들 불상 가운데 각황전의 철조 여래좌상과 천불전에서 발견된 금동 관음보살좌상 그리고 응향각 소장의 목조 비로자나불좌상 등은 지금까지 잘 알려지지 않은 불상들이다.

현재 남아 있는 우리나라의 철불은 40여 구에 불과한데 선암사의 철불이 확인됨으로써 자료 하나가 더 추가되었으며, 천불전에서 발견된 금동 관음보살좌상은 최근에 공개된 불상으로 고려 후기의 원대(元代) 라마교 불상 계통임이 밝혀져 고려 후기 라마교 불상 연구에 좋은 자료가 되고 있다. 그리고 응향각 소장의 목조 비로자나불좌상에서 조상(造像) 발원문을 비롯해 여러 가지 복장 유물(腹藏遺物, 부처님 몸속에 넣은 여러 가지 물건)이 나와서 18세기 불상 양식과 복장 유물 연구에 귀중한 자료가 될 것으로 보인다.

각황전 철조 여래좌상

선암사의 경내 북쪽에 무우전이 있고 바로 뒤에 각황전이 있는데 여기에 철조 여래좌상 1구(높이 140센티미터)가 주존불로 봉안되어 있다. 선암사는 정유재란 때 불에 타서 많은 피해를 입었는데 이 철불 역시 이때에 큰 손상을 입었던 것으로 추측된다. 현재는 개금(改金)을 하여 상태가 아주 좋아 보이지만 1991년 개금할 때의 상태는 좋지 않았다.

상호(相好)는 크게 손상을 입어 근래에 들어와 보수하였지만 그 원형은 잃었다. 얼굴의 전체 형태는 역삼각형에 가깝고, 보림사 철불처럼 눈두덩이 넓은 것이 특징이다. 머리에는 널찍한 반달 모양의 계주(髻珠)가 있다. 계주는 통일신라 말부터 불상에 등장하여 선종의 핵심 교의인 심인을 상징할 정도로 발전하였다. 두정(頭頂)에는 원통형의 정상 계주가 있어 특이하다.

이러한 정상 계주는 주로 조선시대의 불상에서 보이는 양식적 특징이다. 이 불상은 전체적으로 보수되었는데 이때에 정상 계주를 만들어 넣은 것으로 추정된다.

법의(法衣)는 인도의 간다라 불상 양식처럼 우견편단(右肩偏袒)인데

각황전 철조 여래좌상 각황전에 봉안되어 있는 주존불이다. 정유재란 때 크게 손상을 입
어 정확한 조성 연대를 알 수 없으며 현재는 개금한 상태이다.

왼쪽 목 부위에서 오른쪽 가슴으로 뻗어내린 옷주름은 거의 사선에 가깝고 끝단은 띠를 이루고 있다. 무릎 위에는 옷주름이 높게 솟아 있고 발목 부위에는 희미하게나마 번파식(飜波式, 법의에 양감을 나타내기 위한 이중의 주름)의 의문(衣文)이 보인다. 양 무릎 사이는 석굴암 본존불상의 의문처럼 부채꼴 모양으로 처리하였다. 양 어깨선은 자연스럽게 표현되었으며 젖가슴은 약간 돋아나 볼륨이 있고 무릎은 높게 만들었다.

수인은 항마촉지인(降魔觸地印)으로 오른손의 다섯 손가락은 곧게 펴서 무릎에 대었으며 왼손은 복부 앞에서 엄지와 중지를 맞대고 있다. 양손은 나무로 만들어 팔목 안으로 끼워 넣었다. 이 불상은 약사불로 알려져 있으나 항마촉지인의 수인으로 보아 오히려 석가여래일 가능성이 높다.

각황전 철불은 많은 손상을 입어서 본래 모습을 확인할 수 없고 조상기(造像記)도 없으므로 정확한 조성 연대를 알 수 없다. 다만 두툼한 눈두덩과 볼륨 있는 가슴, 양 무릎 사이에 퍼진 부채꼴 모양의 대칭의문 등에서 통일신라시대의 양식 일부를 느낄 수 있으며, 두터운 우견편단의 사선이나 높고 너비가 넓은 무릎, 턱이 뾰족하고 풍만함이 상실된 상호 등에서 고려 전기의 양식도 보이고 있다.

이 철불과 관련하여 다음과 같은 전설이 전해 오고 있다.

선암사의 북쪽이 허하다고 하여 도선국사가 선암사 북쪽 무우전 뒤의 법당 땅속에 철불을 묻어 땅을 누름으로써 허함을 비보(裨補)하였다. 각황전을 수리할 때 이 철불이 발견되었는데, 땅속에 묻혀 있는 동안 많이 삭아서 복원하기를 주저하고 있었다. 그런데 경기도 근처에 사는 한 신도가 이 철불의 꿈을 꾸고 선암사에 와서 그의 재력으로 철불을 깨끗이 도분(塗粉)하여 각황전에 모시게 되었다.

마애여래입상

창파당 왼쪽에는 대각암으로 올라가는 길이 나 있다. 이 길을 따라 조금 올라가면 왼쪽의 큰 암벽 벽면에 마애여래입상이 음각되어 있는데 방향은 동쪽에서 약간 북쪽으로 치우쳐 있다. 이 마애불은 높이가 5미터에 가까워 거불(巨佛)에 속하며 입상으로는 전남 지역에서 가장 큰 불상이다. 1987년 전라남도 문화재자료 제157호로 지정되었다.

상호는 평면으로 처리하여 넓은 편이다. 머리는 나발(螺髮)인데 호형(弧形)의 선각(線刻)을 이어서 표현하여 회화성이 짙다. 머리 중간 부분에는 계주를 긴 타원형으로 표시하였다. 이마의 중앙에는 백호(白毫)가 있으며 눈은 가늘고 눈꼬리는 치켜 올라가 있다. 양 눈썹 사이에서 내려온 코는 콧볼이 유난히 좌우로 퍼져 크게 만들어졌고 입은 상대적으로 작게 표현하였다. 귀는 월출산 마애여래좌싱치럼 평면적으로 처리되었고 긴 편이며 목에는 인과(因果)의 상징인 삼도(三道)를 음각하였다. 이와 같은 상호는 우리나라의 다른 불상들과 달리 이국적인 인상을 준다.

법의는 우견편단으로 왼쪽 어깨에서부터 허리 아래까지 흐르며 의문은 수직으로 흘러내리고, 왼쪽 가슴 아래는 호형이다. 드러난 가슴 부위에는 卍자가 선명하고 크게 새겨져 있다. 수인은 오른손을 다리 부분까지 수직으로 내려뜨려 손가락을 펴고 있으며 왼손은 팔을 굽혀 가슴 위에서 엄지와 약지를 펴고 나머지 세 손가락을 구부린 형식을 취하고 있다. 이러한 수인은 여원인(與願印)을 나타낸 것으로 부처가 중생에게 사랑을 베풀고 중생이 원하는 바를 달성케 하는 대자(大慈)의 덕을 표시한다.

마애불의 발 아래쪽은 현재 땅속에 묻혀 있어서 발 부분과 대좌의 유무는 알 수 없다. 마애불의 왼쪽 아래에는 '갑진3월일(甲辰三月日)'이라는 글자가 새겨져 있는데 연호가 없어서 어느 연대인지는 알 수 없지

마애여래입상 높이가 5미터에 이르며 상호가 다소 이국적이다. 드러난 가슴 부위에는 卍자가 선명하고 크게 새겨져 있다. 마애불의 왼편 아래에는 '갑진3월일' 이라는 글자가 새겨져 있는데 연호가 없어서 어느 연대인지는 알 수 없다.

만 조성 시기를 나타내는 명문(銘文)임에 틀림없다.

선암사 마애여래입상은 선각으로 조성된 거불로 조계산의 유일한 마애불이다. 이같은 선각의 마애불은 그 조성 예가 드물며 우리나라 대부분의 마애불은 양각 부조물이다. 선각의 대표적인 예는 801년에 조성된 방어산 마애불과 경주 남산의 삼릉계에 있는 선각여래입상과 좌상의 삼존불 등이며 전남 지역에서는 화순 운주사의 마애불이 선각에 가깝고 해남의 고도리 마애불이 있다. 선암사 마애불은 상호에서 풍기는 이국적 표현이라든가 법의의 도식화된 의문, 신체의 상단에 비해 하단이 간략한 점 등으로 볼 때 고려 중기에서 후기에 조성된 것으로 추정된다.

천불전 발견 금동 관음보살좌상

이 금동 보살상은 1988년 천불전 수리 때에 상단 서까래 부분에서 발견되었으며, 전체 높이가 16.8센티미터로 소형에 속한다. 처음 출토되었을 때는 검게 그을려 있었는데 이듬해 선암사에서 개금하여 지금은 아주 화사하게 보이며 대좌의 밑부분만 약간 그을린 흔적이 있을 뿐 손상된 부분은 전혀 없다. 아직까지 일반인들에게 공개되지 않은 이 보살상은 원대 라마교 불상 계열에 속한 이국풍을 하고 있다.

머리에 쓴 보관(寶冠)은 삼면관(三面冠)의 형태이며 화려하고 복잡한 무늬가 장식되어 있다. 보관 중앙에는 중생을 제도하기 위하여 때와 장소를 가리지 않고 나타난 응신불(應身佛)의 회현(化現)인 화불(化佛)이 있다. 얼굴은 넓적하고 평편한 형식으로 라마교 불상 양식을 닮았다. 귀는 큰 편이고 원반형의 귀고리는 양 어깨 밑까지 걸쳐 있는데 가장자리에는 연주문(聯珠文, 작은 구슬 무늬가 연속적으로 이어진 모양)이 둘러져 있고 밑으로 또 하나의 원형 귀고리가 달려 있다.

법의는 통견(通肩)이나 앞에 장신구를 달기 위하여 나신(裸身)처럼

천불전 금동 관음보살좌상 원대 라마교 불상 계열에 속한 이국풍의 보살상이다. 머리에 쓴 보관은 삼면관의 형태이며 화려하고 복잡한 문양이 장식되어 있다. 처음 출토되었을 때는 검게 그을려 있었는데 지금은 개금하여 아주 화사해 보인다.

처리하였고 등에는 옷주름이 두툼하게 있다. 가슴 부위에는 화려한 장신구가 장식되어 있고, 허리는 아주 가느다랗다. 그 밖에 팔꿈치, 팔목, 그리고 발목에 각각 두 줄의 연주문 팔찌와 발찌가 있다.

수인은 아미타여래의 미타정인(彌陀定印)처럼 하품하생(下品下生)을 나타내고 있는데 왼손은 가슴 앞에 들었고 오른손은 오른쪽 무릎 끝에 대고 있다. 자세는 길상좌(吉祥坐, 결가부좌의 한 형식으로 먼저 왼발을 오른쪽 다리 위에 얹은 다음 오른쪽 발을 밖에서 왼쪽 다리에 얹은 것)의 좌상이다. 대좌(臺座)는 앙복련(仰伏蓮)의 연접 형식으로 상하 연화문(蓮花文)은 서로 대칭이며 대좌의 상하단에는 연주문이 둘러져 있는데 이는 전형적인 라마교 불상의 대좌 형식이다. 대좌의 상하단에 둘러진 연주문은 원래 인도의 사산조 미술에서 찾아볼 수 있는 특색인데 원대의 라마계 불상에 유입된 후 라마계 불상의 한 특징으로 자리잡고 있다.

이러한 특징을 가진 보살상은 고려 후기에 원의 세력이 침투함과 동시에 조성되었는데 그 예는 많지 않다. 선암사 금동 보살좌상은 보관, 상호, 화려한 장신구, 대좌의 형식 등으로 보아 고려 후기에 제작된 것으로 추정된다.

대웅전 목조 여래좌상

선암사 경내의 중앙에 위치한 대웅전에는 거대한 목조 여래좌상(높이 233센티미터)이 주존불로 봉안되어 있다. 목조 여래좌상의 장방형에 가까운 상호는 위엄이 있어 보인다. 머리는 나발이며 육계(肉髻, 부처의 정수리에 솟아 있는 상투 모양의 혹)와의 구분이 거의 없이 처리되었고 정상에 조그마한 원통형의 계주를 표현하였다. 머리의 중간 부분에 반원형의 큰 계주가 채색되어 있다.

법의는 통견으로 매우 두툼하고 평면적으로 처리하였는데 오른쪽 팔

대웅전 목조 여래좌상 규모가 큰 목불로 위엄이 있어 보이나 조각 기법이 뛰어난 편은 아
니다. 조성 양식과 대웅전 건물의 중창 사실 등을 종합해 볼 때 조선 후기에 조성된 것으
로 보인다.

부분의 법의는 등쪽으로 넘어가고 양 어깨에서 내려온 옷자락은 양 무릎을 거쳐 발목 부분으로 좁혀 넘어와 무릎 사이에서 부채꼴 모양으로 대칭되었다. 가슴 아래에는 군의(裙衣, 아래 내의)가 표현되었는데 띠 매듭은 없고 대신 너비 15센티미터의 넓은 관대가 둘러져 있다. 손과 팔은 과장되게 만들었고 왼손은 따로 만들어 팔목에 끼워 넣었다. 수인은 항마촉지인을 하고 있는데 오른손은 다섯 손가락을 펴서 무릎 위에 자연스럽게 올려 놓았으며, 왼손은 무릎 위에서 엄지와 중지를 맞대고 있다.

대웅전 불상은 규모가 큰 목불로 위엄은 있어 보이나 조각 기법은 뛰어난 편이 아니다. 조성 시기는 장방형의 얼굴과 옷 모양, 비례상 균형이 잡히지 않은 신체 등의 양식과 대웅전 건물의 중창 사실들을 종합해 볼 때 조선 후기로 추정된다.

응향각 소장의 목조 비로자나불좌상

이 불상은 높이가 55센티미터밖에 되지 않는 소형 목조불이며, 공개되지 않아 일반인들은 볼 수 없다. 그렇지만 선암사에서 유일하게 복장 유물이 발견되어 불상명과 조성 연대를 알 수 있으므로 매우 중요하다.

불상 형식은 조선 후기의 양식을 취하고 있다. 그러나 손 모습은 가슴 앞에 모은 오른손 다섯 손가락을 펴서 왼손 전체를 감싸고 있는 아주 특이한 수인 형식을 취하고 있다. 이 불상이 복장에서 나온 발원문을 보면 조성 당시 비로자나불상을 만든다고 하였으므로 이 수인은 지권인(智拳印)의 변형된 양식으로 보아야 할 것이다.

우리나라의 비로자나불은 지권인의 수인을 결(結)하고 있는 것이 가장 큰 특징인데 초기의 상들은 복부에서 지권인을 하고 있다. 이후 가슴 부위까지 올라오다가 점차로 약간씩 변형되며 조선시대에는 응향각에 있는 비로자나불처럼 아주 변형되어 손을 감싸고 있는 수인까지 나

응향각 목조 비로자나불좌 상 높이가 55센티미터밖에 되지 않는 소형 목조불로 조선 후기 양식을 보인다. 손을 가슴 앞에 모아 오른 손 다섯 손가락을 펴서 왼 손 전체를 감싸는 특이한 수인 형식을 보인다.

오게 된다. 이 비로자나불좌상은 신체에 비해 상호가 큰 편이고 고개를 약간 숙이고 있다. 그리고 어깨 너비에 비해 무릎 너비가 아주 좁아 약간 불안한 느낌을 주지만 전체 조각 기법이 유려하고 미소 띤 얼굴로 인해 자비로워 보인다.

복장 유물 가운데 발원문의 제작 연대가 건륭 원년(1736)인 점으로 보아 이 불상은 이때에 조성된 것으로 보인다. 선암사의 다른 목조 불상들은 대개 이 불상과 조각 기법이 흡사하여 18세기 무렵에 주로 조성되었을 것으로 보고 있다.

복장 유물은 목불상의 안을 깊숙이 파내고 그 안에 넣었다. 불상 대좌판 밑에 붙어 있는 한지를 떼어내고 장방형의 뚜껑을 여니 다라니경과 여러 종류의 경전들이 빽빽히 들어차 있었다. 이들은『묘법연화경』권5와『약욕설시경(若欲說是經)』,『지장보살본원경(地藏菩薩本願經)』등의 경전이었는데 오래되어 삭은 부분이 많았고 일부는 썩어서 알아보기 힘든 것도 있었으며, 구겨서 넣어져 있었다. 이처럼 경전을 아무

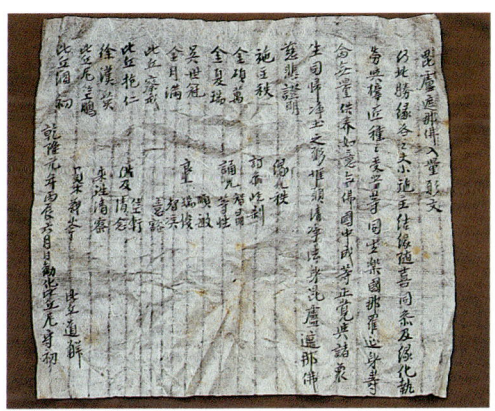

응향각 목조 비로자나불좌상의 복장 유물 불상 안 깊숙한 곳에 들어 있던 것으로 발원문(왼쪽 위), 다라니경, 청동후령통, 오색청동원통, 오색명주, 오곡, 사리, 소옥, 야개, 유리 조각 등이 있다.

렇게나 구겨서 넣은 이유는 가슴 부위에 있는 복장 유물이 마찰과 충격을 피해 안전하게 있도록 하기 위한 것으로 보인다. 가슴 부분에서 모시의 포낭(황초복자)에 둘러싸인 청동제 후령통(喉鈴筒)이 나왔는데 이 안에 여러 종류의 유물이 있었다.

복장 유물로는 발원문, 다라니경, 청동후령통, 오색청동원통[五寶瓶], 오색명주, 오곡(五穀), 사리, 소옥(小玉), 약재, 유리 조각 등이 있다. 발원문은 가로 35.5센티미터, 세로 31센티미터의 장방형 한지에 행서로 16줄을 묵서한 것으로서 여러 겹 접어 청동제 후령통 상단에 다라니경과 함께 넣어져 있었다. 내용을 보면 불상의 명칭이 비로자나불임을 알 수 있고 제작 연대는 1736년이며, 신도인 김석만(金碩萬)을 포함한 비구와 비구니 9인이 결연하여 청정법신(淸淨法神)인 비로자나불께 자비를 베풀어 줄 것을 서원(誓願)하고 있다.

팔상전 목조 아미타여래상

팔상전은 원통전 앞에 불조전과 나란히 위치하고 있는데 불전 안에는 비슷한 형식을 한 2구의 목조 아미타여래좌상(높이 82센티미터)이 봉안되어 있다.

이 불상의 특징 가운데 하나가 군의 상단의 옷주름 표현 방법이다. 고려 후기나 조선 전기의 불상들은 대부분 내의 상단이 평행하며 이를 묶는 띠매듭이 있는 것이 보통이지만, 이 불상처럼 내의 상단이 평행하지 않고 마치 연꽃 잎이 세워져 있는 모습[仰蓮]과 같은 옷주름은 조선시대에 처음으로 등장한 양식이다.

수인은 미타정인으로 오른손은 들어서 엄지와 중지를 맞대고 있고 왼손은 무릎 위에서 엄지와 중지를 맞대고 있다. 이는 아미타 9품인 가운데 중품하생(中品下生)으로, 뜻하는 바는 스님이 되어 크게 공덕을 닦을 수 없다 하더라도 마땅히 무상보리(無上菩提)의 마음을 염하고

팔상전 목조 아미타여래상 높이 82센티미터에 비슷한 형식을 보이는 2구의 불상은 17세기 이후에 조성된 것으로 보인다.

선을 닦고 제계(諸戒)를 받들며 탑상(塔像)을 세우고 스님에게 시주하고 등을 밝히고 꽃을 뿌리며 향을 몸에 바름으로써 회향(回向)하여 극락정토에 왕생할 수 있도록 한다는 것이다.

　머리가 유난히 커서 균형을 잃은 신체와 약간 구부정한 자세, 평면적으로 처리한 옷주름, 복부 위에서 마치 앙련(仰蓮, 꽃부리가 위로 향한 연꽃)처럼 주름 잡힌 내의의 표현, 생경한 느낌을 자아내는 얼굴 모습 등에서 17세기 이후에 많이 나타나는 양식의 특성을 찾아볼 수 있으며, 특히 경북 선산에 있는 도리사 극락전 안의 목조 아미타여래좌상과 거의 흡사하다. 오른쪽에 있는 불상도 거의 같은 양식을 취하고 있다.

응진당 목조 석가여래삼존불좌상과 십육나한상

응진당에는 삼존불상과 십육나한이 봉안되어 있다. 석가여래좌상(높

응진당 목조 석가여래삼존불좌상 본존불은 상호를 너무 크게 만들고 오른팔은 부자연스럽게 하여 비례상 어울리지 않으나 신체의 표현은 유려한 편이다. 고개를 숙이고 아랫배가 약간 튀어나온 점 등은 조선시대 불상의 양식을 잘 보여 준다.

이 89센티미터)이 주존불이며 미륵보살과 제화갈라보살(提和竭羅菩薩)이 좌우의 보처(補處, 주불의 좌우에 모신 보살)이다. 본존불은 상호를 너무 크게 만들고 오른팔은 부자연스럽게 하여 비례상 어울리지 않으나 신체의 표현은 유려한 편이다. 고개를 숙이고 아랫배가 약간 튀어나온 점 등은 조선시대 불상의 양식을 잘 나타내고 있다. 삼존불의 왼쪽과 오른쪽에는 십육나한상이 있다.

불조전 목조 53불상과 과거7불상

선암사 불조전에는 53불(五十三佛)과 과거7불(過去七佛)이 봉안되어 있다. 전면은 2단으로 구성되어 있는데 상단에 19불이 있고 하단에 16불이 있다. 상단 중앙의 7불은 불조전 불상 가운데 가장 크며 이 불상들이 과거7불이다. 향 우측에는 12불이 있고 향 좌측에는 13불이 있는데 이들은 소형불이다. 전면과 좌우측의 불상을 합하면 60불이 되는데 모두 목조 여래좌상이며 대좌는 연접 형식으로 채색된 상하의 앙련과 복련이 서로 대칭되어 있다.

60불 가운데 4구는 예전에 도난당하여 1988년에 다시 조성하여 안치하였으며, 이들 불상의 규모는 크게 대(전체 높이 73센티미터), 중(전체 높이 64센티미터), 소(전체 높이 56센티미터)로 나누어진다.

불조전의 60불은 거의 동일한 형식의 불상이다. 모두 상호를 약간 숙이고 있으며 눈은 수평이고 입은 작다. 나발의 머리카락은 흙으로 구워서 따로 만들어 머리에 붙였고 삼도는 형식적이며 법의는 통견이다. 백호는 전면 중앙의 불상과 향 우측의 맨 앞에 있는 불상에만 있는데, 향 우측의 맨 앞 불상은 다른 불상과 달리 유일하게 법의가 대좌까지 내려오는 형식을 보여 53불과는 구별된다. 그러므로 이 불상은 다른 곳에서 옮겨 온 것으로 보인다.

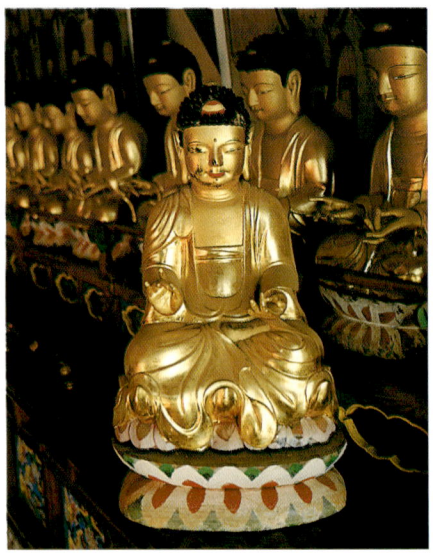

불조전 목조 53불상과 과거7불상 60불이 모두 거의 동일한 형식을 취하고 있다. 상호를 약간 숙이고 눈은 수평이며 입은 작다. 왼쪽 사진은 다른 불상과 달리 유일하게 법의가 대좌까지 내려오는 형식을 취하고 있어 다른 곳에서 옮겨 온 것으로 보인다.

석탑

선암사의 대웅전 앞마당에는 동서 양쪽에 보물 제395호로 지정된 3
층석탑이 나란히 서 있다. 두 개의 석탑은 겉으로 보기에 크기와 양식
이 서로 비슷하여 동시에 건립된 것으로 알려져 있으나 자세히 살펴보
면 약간씩 다른 양식을 보여 주고 있다. 서탑이 원형을 유지하고 있으
므로 이 탑을 중심으로 살펴보겠다.

서3층석탑의 지대석은 거의 정방형으로 6매의 석재로 구성되어 있으
나 석재의 크기는 각각 다르다. 하대 기단(基壇)은 저석(底石)과 중석
(中石)이 같은 돌인데 5매의 석재로 구성되었다. 중석의 양쪽에는 모
서리 기둥과 하나의 버팀 기둥이 있다. 하대 기단 갑석은 2매의 판석으
로 구성되었고 그 윗면을 경사지게 하여 네 모서리에서 합각선이 나타
나고 상층 기단 받침이 각·호·각형(角·弧·角形, 네모나고 둥글고
네모나게 조각한 모양)으로 조각되었다.

상층 기단의 중석에도 두 개의 모서리 기둥과 하나의 버팀 기둥이 있
는데 4매의 석재로 결구되었다. 상층 기단 갑석의 아랫면에는 부연(副
椽)이 표시되고 윗면은 하층 기단에서와 같이 경사지고 합각선이 있으
며 각·호·각형으로 된 3단의 1층 탑신(塔身) 받침이 있다. 기단부에
서 특기할 만한 것은 상·하 기단의 갑석 윗면 모서리에 가벼운 반전이
있다는 것이다. 이러한 기법은 경상남도 합천군의 청량사 3층석탑과
순천 금둔사 3층석탑에서 뚜렷이 나타나지만 보통의 석탑 기단부에서
는 보기 어려운 형식이다.

탑신부는 탑신과 옥개석이 각각 1기로 이루어졌는데, 탑신에는 양쪽
으로 모서리 기둥이 있고 옥개석에는 4단 받침이 있으며 윗면에 호와
각형으로 된 특이한 형식의 2단 탑신받침이 있다. 옥개석의 반전이 심
하여 날카로울 뿐만 아니라 모서리에는 풍경을 달았던 듯 구멍이 한 모

동·서 3층석탑 입면도

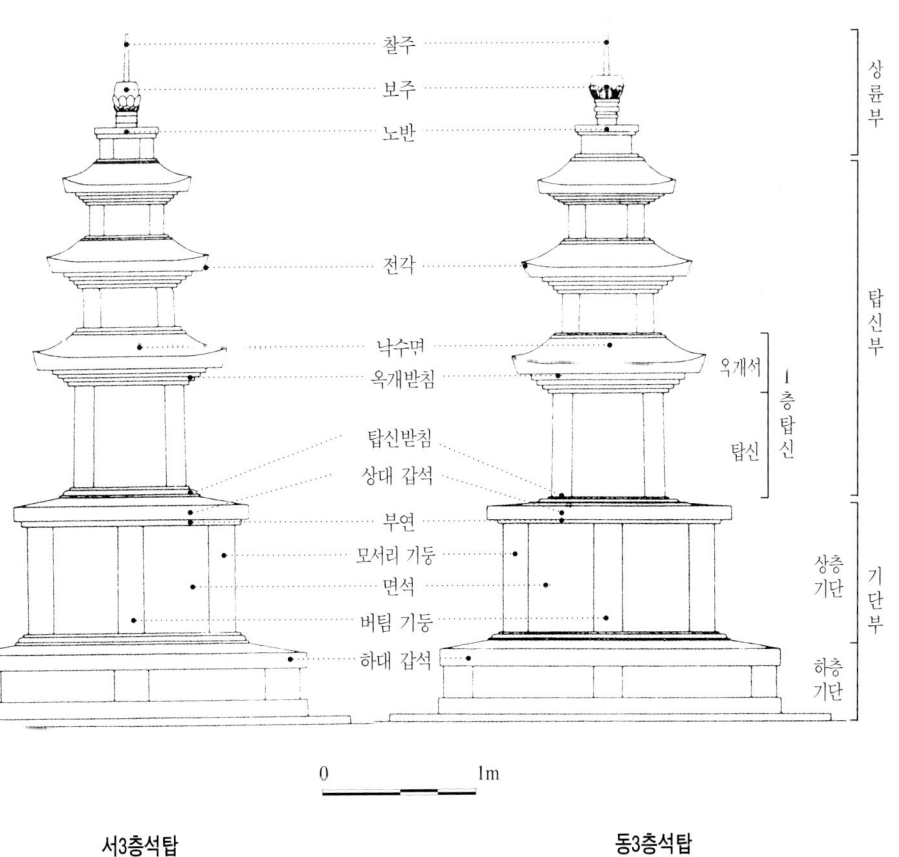

상륜부

탑신부

기단부

옥개석 ─] 1층탑신

탑신

상층기단

하층기단

찰주
보주
노반
전각
낙수면
옥개받침
탑신받침
상대 갑석
부연
모서리 기둥
면석
버팀 기둥
하대 갑석

0   1m

서3층석탑   동3층석탑

동3층석탑(옆면) 서쪽의 3층석탑과 함께 보물 제395호로 지정되어 있다. 두 개의 석탑은 외관상으로는 크기와 양식이 서로 비슷하여 동시에 건립된 것으로 알려져 있으나 자세히 살펴보면 약간씩 다른 양식을 보인다.

서리에 여덟 개씩 뚫려 있는데 지금도 구멍 속에 금속질이 남아 있다.

상륜부(相輪部)는 모서리 기둥과 부연이 표시된 노반(露盤)이 있고, 죽절형 위에는 복련판(覆蓮瓣)에 싸인 1기의 보주(寶珠)가 조식된 통형(筒形)의 석재로 만들어졌다.

선암사 탑은 1986년 해체 복원되었는데 이때 동탑의 1층 탑신에서 사리 장치가 발견되었다. 사리 장치는 상층 기단 갑석 윗면에 놓여 있었고 사리공은 1층 탑신 아래쪽에서 위쪽으로 구멍을 뚫었다. 사리공은 21×35센티미터로 장방형이고 높이는 9.5센티미터인데 중앙에 직경 12.3센티미터, 높이 8센티미터의 반구형 구멍이 다시 뚫려 있다. 사리기는 중앙에 분청사기 덤벙문호와 뚜껑, 서쪽에 청자 양이소호(兩耳小壺)와 뚜껑이 있고 분청사기 덤벙문호 안에 금동사리탑이 있었다.

금동사리탑은 8각을 기본형으로 한 원당형(圓堂形) 탑이다. 8각의 모서리에 각각 하나씩의 역삼각형 다리를 붙여 놓고 그 윗면에는 각 면마다 3엽(葉)씩 24엽의 연판문(蓮瓣文)이 있다. 그 위에 볼록하고 짧은 대(臺)가 있다. 대의 윗면 한 변에 두 개씩 16판의 앙련을 3중으로 서로 엇갈리게 부착하였다. 연판 가운데에 원추형의 기둥이 있는데 윗면을 반구형으로 파서 사리를 봉안하였다. 그 기둥을 수정제 8각 뚜껑으로 덮고 다시 금동의 전각형(殿閣形) 뚜껑을 덮는다. 탑신은 각 면이 화문(花文)으로 가득하고 지붕은 3단의 8각이고 용마루와 기왓골이 뚜렷하다. 전체적으로 판을 눌러서 무늬를 새기고 대좌의 8각대 이하와 앙련 연판은 따로 만들어서 고리로 연결하였다.

제작 시기는 분청사기 덤벙문호와 동일한 시기인 16세기로 추정되는데, 그 이유는 첫째, 분청사기 덤벙문호와 크기가 맞으며 둘째, 사리탑의 다리와 같은 양식과 여러 겹의 복련을 오려 붙인 양식, 지붕이 층단을 이룬 형식 등이 고려 후기부터 나타나고 셋째, 사리 용기가 수정으로 제작된 것 역시 고려 후기에 많이 나타나기 때문이다.

동3층석탑 발견 금동사리탑 8각을 기본으로 한 원당형 탑이다. 중앙에 원추형의 기둥이 있는데 윗면을 반구형으로 파서 사리를 봉안하게 하였다. 그 기둥을 수정제 8각 뚜껑으로 덮고 다시 금동의 전각형 뚜껑을 덮게 되어 있다.

　두 탑은 기단의 비팀 기둥이 상·하 각각 한 개인 점과 상층 기단 중석받침이나 1층 탑신받침이 긱·호·각형으로 된 3단인 점, 옥개받침이 4단으로 통일된 점, 옥개석 윗면의 탑신받침이 호·각형인 점 등으로 보아 통일신라시대인 9세기 후반에 세워진 것으로 추정된다. 그러나 사리 장치로 9세기 후반과는 거리가 먼 11세기 청자와 16세기에 만들어진 분청사기와 금동사리탑이 있어 최소한 두 번에 걸친 중건이 있었다고 추정된다.

부도와 비

선암사에 전하는 말에 의하면 동부도(무우전부도)는 아도화상부도이고 북부도(선조암터부도)는 도선국사부도이며 대각암부도는 대각국사부도라 하고 있다. 경내에는 이들 세 부도 외에도 입구의 탑비전(塔碑殿)에 8기의 비와 함께 11기의 부도가 있고, 무우전 뒤편의 탑비전에도 2기의 비가 있으며, 서부도전에는 12기의 부도가 봉안되어 있어 모두 10기의 비와 26기의 부도가 있다. 이들 26기의 부도 가운데 가장 시대가 올라가는 것은 앞에서 언급한 3기이며, 나머지는 대부분 조선시대에 만들어졌다.

북부도(선조암터부도)

이 부도는 대웅전에서 북쪽으로 약 400여 미터 거리에 위치하는데, 차밭과 잣나무 숲을 지나 비교적 경사가 있는 산기슭에 자리잡고 있으며 보물 제1184호로 지정되어 있다. 이 부도를 선조암터부도〔禪助庵址浮屠〕라 부르는 이유는 바로 옆에 선조암이란 암자가 있었기 때문이며, 부도의 주인이 도선국사라고 전해지고 있지만 신빙성이 없다.

북부도는 상륜부의 보주가 결실되고 보개(寶蓋)의 일부와 옥개석 귀꽃 장식 두 개가 파손된 것을 제외하고는 거의 완전하게 보존되어 있으며, 전체 높이는 2.51미터이다.

기단부는 3단이며 하대석의 하단은 8각으로 전후와 좌우의 4면에 사자상이 부조되어 있고, 상단에는 운룡문(雲龍文)이 양각되어 있다. 중대석은 짧은데 중앙에서 배가 불룩 나온 장고형이며 8각의 각 면에는 얇은 안상(眼象)이 새겨져 있고 그 안에는 4엽의 화문이 장식되어 있다. 그 위로 중대석과 한 돌로 상대석이 연결되고 있는데 8엽의 앙련이 있고 그 안에 씨방〔子房〕을 묘사하였다. 상대석 위로는 8각의 3단 괴

북부도 8각원당형으로 신라 석조 부도의 전형을 충실히 따르고 있는데, 선암사의 3부도 가운데 가장 뛰어난 수작이다. 보물 제1184호.

임대가 탑신을 받치고 있다.

탑신부는 8각이며 전·후면에 자물쇠형을 장식하였고, 다른 4면에는 신장상을 양각하였으나 조각 기법이 다소 떨어진다. 지붕돌인 옥개석은 8각으로 낙수면에 기왓골이 없이 평평하며 합각선의 우동마루는 뚜렷하고 추녀 끝에는 큼직한 귀꽃을 장식하였다.

이 부도는 8각원당형으로 신라 석조 부도의 전형 양식을 충실히 따르고 있는데, 선암사의 3부도 가운데서도 가장 뛰어난 수작이다. 2단의 하대석에 있는 운룡문의 표현이나 장고형의 중대석, 그리고 탑신부에 있는 횡방(橫防, 엇막이) 시설의 모각(模刻) 등은 옛날 방식을 보인다. 그러므로 선암사의 3부도 가운데 이 부도가 가장 먼저 만들어진 것으로 추정된다. 조성 시기는 통일신라시대의 8각원당형 기본 양식을 그대로 따르고 있으나 탑신부에 비해 기단부가 훨씬 크고, 장식적인 요소 또한 기단부에 치중된 점으로 보아 9세기 말이나 10세기 초반으로 추정된다.

동부도(무우전부도)

이 부도는 무우전에서부터 서북쪽으로 약 200미터 거리에 위치하고 있으며, 보물 제1185호로 지정되어 있다. 무우전부도(無憂殿浮屠)란 명칭은 일제강점기 『조선고적도보』에 처음 소개되면서 붙여진 것이나 무우전 건물과 거리가 가장 가까울 뿐 아무런 관련이 없다. 선암사의 중심 축선에서 볼 때 동쪽에 위치하고 있으므로 동부도라 부르는 것이 타당하다.

이 부도 역시 8각원당형 부도의 전형을 충실히 따르고 있는데, 옥개석의 일부가 파손된 것을 제외하고는 기단부에서 상륜부까지의 각 부재(部材)가 거의 완전하게 보존되어 있으며, 전체 높이는 3.3미터이다. 각 부의 형식은 북부도와 비슷하나 중대석은 장고형이 아닌 8각이

며, 탑신부는 상단이 좁고 하단이 넓은 사다리꼴 모양으로 각 면에 장
방형의 액(額)이 묘사되고, 옥개석이 얇으며, 상륜부가 보주까지 남은
점이 다르다.

동부도는 선암사의 부도 가운데 규모가 가장 큰 웅대한 석조물로서
기단부와 탑신부에 비해 옥개석이 과장되게 큰 것이 또한 특징이다. 부
도의 주인이 누구인지는 알 수 없으나 당시 선암사와 관련된 중창주 또
는 조사 스님의 것으로 보인다. 조성 시기는 고려 초반인 10세기경으
로 여겨진다.

동부도 선암사 부도 가운
데 규모가 가장 큰 석조물
로서 기단부와 탑신부에
비해 옥개석이 과장되게
큰 것이 특징이다. 보물
제1185호.

대각암부도

선암사 대웅전에서 서북쪽으로 등산로를 따라 약 600미터 정도 길을 걸어 오르면 산 중턱의 완만한 곳에 대각암이 자리잡고 있다. 이 부도는 바로 대각암의 뒤편 언덕에 서 있으며, 보물 제1117호로 지정되어 있다.

전체 모습은 앞의 부도와 같이 8각원당형의 전형을 충실히 따르고 있다. 옥개석의 귀꽃 일부가 파손된 것을 제외하고는 기단부의 지대석에서 상륜부의 보주에 이르기까지 각 부재가 거의 완전하게 보존되어

대각암부도 탑신부에 비해 기단부 중대석이 균형을 잃고 있으나 옥개석의 장중함이나 하대석의 정교한 구름문은 통일신라시대의 기법을 보여 준다. 보물 제1117호.

있으며, 전체 높이는 2.5미터이다. 방형의 지대석 위 각 면에 안상이 새겨진 8각의 괴임대가 있고 그 위로는 구름문이 조각된 하대석이 있다. 좁고 낮은 중대석에 안상이 음각되었고, 상대석의 아랫면에는 2단의 8각 괴임 위에 활짝 핀 연꽃이 있으며, 윗면에는 3단의 각형 괴임대가 8각으로 둘러져 탑신을 받고 있다.

탑신은 8각이며 모서리에 기둥을 세우고 앞뒷면에는 문비(門扉, 문짝)와 자물쇠가 조각되었다. 옥개석에는 기왓골이 없고 우동마루가 굵게 표출되었으며 각 전각에는 귀꽃문이 높게 솟아 있다. 이 부도는 원래 탑신과 기단부가 뒤바뀌어 있던 것을 1985년경에 원형대로 복원하였다.

이 부도는 대각암이란 이름이 암시하듯이 고려시대 천태종을 개창하였던 대각국사 의천과 관련이 있는 것 같다. 탑신부에 비해 기단부 중대석이 균형을 잃고 있으나 옥개석의 장중함이나 하대석의 정교한 구름문은 아직도 통일신라시대의 기법이 그대로 남아 있는 듯하다. 조성 시기는 11세기에서 12세기경으로 추정된다.

선암사 입구 탑비전의 부도와 비

선암사 입구의 도로변 오른쪽에 위치하는 탑비전에는 현재 11기의 부도와 8기의 비가 있다. 11기의 부도는 모두 명문이 음각되어 있어 그 주인공을 알 수 있다.

여기에 있는 부도는 관봉당 서백사부도(觀峯堂敍伯師浮屠, 높이 198센티미터), 무암당 성석사부도(務巖堂性碩事浮屠, 높이 227센티미터), 서악당부도(西岳堂浮屠, 높이 250센티미터), 계음당부도(桂陰堂浮屠, 높이 103센티미터), 침굉당부도(枕肱堂浮屠, 높이 138센티미터), 상월당부도(相月堂浮屠, 높이 255센티미터), 연암당부도(蓮巖堂浮屠, 높이 185센티미터), 낙허당부도(樂虛堂浮屠, 높이 265센티미터), 해붕당부도

선암사 입구 탑비전 현재 11기의 부도와 8기의 비가 있다. 이들 부도 형식은 대부분 오륜형이며, 계음당부도와 침굉당부도가 석종형을 하고 있고, 화산대사부도(왼쪽)만이 특수형으로 4사자부도 형식을 취하고 있다.

(海鵬堂浮屠, 높이 213센티미터), 눌암당부도(訥庵堂浮屠, 높이 236센티미터), 화산대사사리탑(華山大師舍利塔, 높이 410센티미터) 등이다. 이들 부도 형식은 대부분이 오륜형(五輪形, 옥개석이 있고 탑신이 구형인 형식)이며, 석종형(石鍾形)은 계음당부도와 침굉당부도가 있고, 화산대사부도만이 특수형으로 4사자부도 형식을 취하고 있다.

화산대사부도는 통일신라시대 작품인 구례 화엄사의 4사자3층석탑(국보 제38호, 8세기 중엽)과 고려시대 작품인 제천 사자빈신사지석탑(보물 제94호, 1022년)과 같은 형식으로 매우 희귀하다. 지역적으로 구례 화엄사와 인접하고 있어 화엄사 4사자3층석탑을 번본(翻本)으로 하여 조성된 듯하나, 조형미에 있어서 원본에 훨씬 미치지 못한다.

이 부도의 주인공인 화산대사를 법명이 문신(文信)인 해남 화산 출신의 화악선사와 같은 사람으로 보고, 부도의 조성 시기도 화악선사의 입적 연도인 숙종 33년(1707)으로 보는 견해도 있으나, 동일인으로 보기에는 무리가 있다. 이 사리탑을 만든 석공 황대인은 벽파선사비도 만들었는데, 벽파선사비가 1928년에 조성되었으므로 이 부도 역시 그와 비슷한 시기에 조성된 것으로 보인다.

비는 여덟 개가 있으나 상월대사비(霜月大師碑)만이 정조 6년(1782)에 만들어졌고 나머지 일곱 개는 일제강점기에 조성된 것들이다.

서부도전의 부도

승선교와 강선루를 지나 삼인당(三印塘)에 이르면 길이 두 갈래로 나뉘는데, 이곳에서 왼쪽 계곡을 따라 약 100미터 정도를 올라가면 오른쪽 산기슭에 또 하나의 부도군이 있다. 선암사에서는 이곳을 서부도전(西浮屠殿)이라 부르며 모두 12기가 있다.

환허당순민사부도(幻虛堂舜旻師浮屠), 능허당해안사부도(凌虛堂海岸師浮屠), 모현당부도(慕玄堂浮屠), 석종형부도 1, 유암당부도(柳巖

서부도전 승선교와 강선루를 지나 삼인당에 이르면 길이 두 갈래로 나뉘는데, 이곳에서 왼쪽 계곡을 따라 약 100미터 정도를 올라가면 오른쪽 산기슭에 서부도전이 위치한다. 여기에는 석종형과 오륜형의 조선시대 부도 12기가 봉안되어 있다.

堂浮屠), 석종형부도 2, 향서당부도(向西堂浮屠), 호암당부도(護巖堂
浮屠), 지환당윤기선사탑(知幻堂允機禪師塔), 연화당부도(蓮華堂浮
屠), 월암당부도(月巖堂浮屠), 성윤수좌사리탑(性允首座舍利塔) 등의
부도가 있다.

선암사중수비와 사적비

무우전에서 북암으로 오르는 길목의 평평한 대지 위에 위치하고 있
다. 이곳에 2기의 석비가 있는데 하나는 조선시대에 세워진 선암사중
수비이고, 다른 하나는 일제시대에 세워진 선암사사적비이다. 비의 양
식은 2기가 모두 귀부(龜趺) 위에 비좌(碑座)를 마련하여 비신(碑身)
을 세우고 그 위에 이수(螭首)를 올려 놓은 통식의 귀부비이다.

선암사중수비　　비신의 전면 상단에 전서(篆書)로 '조계산선암사중
수비'라 이름을 달고, 비 제목은 오른쪽 서두에 해서(楷書)로 '승평부
조계산선암사중수비명병서(昇平府曹溪山仙巖寺重修碑銘幷書)'라고 밑
으로 썼다. 비문은 선교랑(宣教郎) 채팽윤이 짓고 가선대부 이진휴가
썼으며, 전서는 가선대부 권규(權珪)가 썼다.

이 비는 숙종 33년(1707) 6월에 세워졌다. 비의 재질은 화강암이며,
전체 높이는 502센티미터이다. 정유재란 때에 소실된 선암사를 호암
약휴가 중심이 되어 중수한 내용을 기록한 것이다. 조성 연대가 확실
한 조선 후기의 석비로서 수작(秀作)일 뿐 아니라 입구에 있는 상월대
사비와 함께 이후에 조성된 선암사비의 번본이 되고 있다. 이 중수비
는 현재 전라남도 유형문화재 제92호로 지정되어 있으며 그 비문은
『조선금석총람』 하권에 실려 있다.

선암사사적비　　선암사중수비를 모방하여 만든 비로서, 이수에 양
각된 용의 표현이 매우 역동적이어서 특이하다. 비신의 전면 앞에 종
서(縱書)로 '조선선교양종대본산전라남도순천군조계산선암사사적비병

선암사중수비와 사적비 2기 모두 귀부 위에 비좌를 마련하여 비신을 세우고 그 위에 이수
를 올려 놓은 통식의 귀부비이다.

서(朝鮮禪教兩宗大本山全羅南道順天郡曹溪山仙巖寺事蹟碑并書)'라 하였으며, 우측 면에 '세존응화2948년신유계동립(世尊應化二千九百四十八年辛酉季冬立)'이란 명문이 있어 이 비의 건립 연대가 1921년임을 알 수 있다. 비의 재질은 화강암이며 전체 높이는 390센티미터로 규모는 다소 작다.

불화

선암사에 소장된 불화는 1753년에 제작된 거대한 괘불(掛佛)을 비롯히어 가 전각과 암자 등에 보관 중인 불화들을 모두 합하면 약 100여 점에 이른다. 이들의 제작 시기는 모두 다르지만 연대가 가장 잎선 것은 불조전에 봉안된 과거7불과 53불탱 5점으로 1702년에 조성되었다.

이것과 비슷한 시기의 작품으로 '전 오도자필 관음상(傳吳道子筆觀音像)' 판각이 있는데 호암 스님의 법명이 새겨져 있어서 정유재란 이후 중창 불사를 할 때인 1698년에서 1706년 사이에 조성된 것으로 추정된다. 그 이후에는 괘불, 대웅전 후불탱화, 팔상전 화엄탱화들이 1753년과 1780년에 각각 조성되었는데 모두 상월대사가 선암사를 중창할 때에 만든 것이다. 이때 선종 33조사 영정도 만들어졌는데 선암사가 선문으로서의 역할을 나하고 있는 모습을 보여 주는 작품들로 평가된다.

또 선암사에는 선종 33조사상과 더불어 21분 스님들의 영정이 봉안되어 있는데 1953년의 기록에는 선사 영정 40여 점이 진영각에 모셔져 있었다고 한다. 조사상 가운데 가장 연대가 올라가는 것은 대각국사 영정과 도선국사 영정으로 두 작품은 양식과 기법이 흡사하여 같은 시기에 제작된 것으로 생각되며 1805년에 함께 중수된 기록이 남아 있다.

「선암사중창건도」

이 그림은 가로 60.5센티미터, 세로 103센티미터 크기의 한지에 담채(淡彩)로 그린 것으로 선암사와 주변의 암자 및 산천을 화면에 가득 배치하고 각각의 지명을 자세하게 적은 지도 형식을 취하고 있다. 그림의 중앙에 선암사 경내의 건물 배치가 잘 나타나 있어 당시의 가람 배치와 형태를 정확히 이해할 수 있는 귀중한 자료로 평가된다.

그림의 상단 좌우에는 세로로 15행의 묵기(默記)가 있는데 제목은 '조계산선암사대각국사중창건도기'이며 끝에 '고려의종원년정묘3월23일(高麗毅宗元年丁卯三月二十三日)'이란 간기가 있다.

중창건도기에 의하면 이 그림은 고려 의종 원년(1147)에 그려진 것으로 이해할 수 있지만 그림의 내용을 자세히 살펴보면 그렇지 않다. 첫째 무우전 뒤편에 비석 1기가 서 있는데, 이 비는 1707년에 세워진 선암사중수비이다. 둘째 대웅전이 2층으로 그려져 있다. 1823년 2층으로 된 대웅전이 불에 타자 그 이듬해에 해붕 등이 현재와 같은 단층으로 대웅전을 복원하였다. 셋째 정문이 전면 7칸으로 그려져 있다. 이 문은 1760년 상월대사가 축조하였다고 전한다. 그렇다면 이 그림은 고려시대에 그려진 것이 아니고 1760년에서 1823년 사이, 곧 조선 후기에 그려진 것으로 여겨진다.

괘불

대웅전의 후불벽화(後佛壁畵) 뒤편 목재 괘불함에 보관되어 있는 괘불은 가로 682센티미터, 세로 1,215센티미터의 거대한 석가모니 불화이다. 1990년 가을에 대대적으로 보수하여 현재는 보존 상태가 아주 좋다. 이 괘불은 1753년(영조 29)에 금어(金魚) 치한(致閑)·내순(來淳)·모영(慕英)·특언(特彥)과 화사(畵師) 낭민(郞玟)·월계(月桂)·봉찰(鳳察)·책화(策花)·융탄(戎坦)·쾌혜(快慧)·쾌윤(快

괘불 가로 682센티미터, 세로 1,215센티미터의 거대한 석가모니 불화이다. 장중하면서도 간결하여 뛰어난 작품성을 보여 준다.

允)・인융(印戎) 등에 의해 제작되었으며, 비단에 채색하였다.

화면 가득히 석가모니 입상 한 분을 크게 그리고 상단 좌우에 소형의 1군(群)을 그렸다. 화면의 왼쪽 위에는 금니(金泥, 금박가루를 아교풀에 갠 것)로 된 7층의 다보불탑이 있고 1층 안에는 사자좌 위에 다보여래가 앉아 있으며 그 앞에 대낙설보살(大樂說菩薩)이 합장을 하고 서 있다. 오른쪽 위에는 10위의 화불이 오색 구름에 싸여 있다. 이 괘불은 장중하면서도 간결하여 뛰어난 작품성을 보여 주고 있다.

하단에는 중앙과 좌우 3곳에 화기(畵記)가 있고 그림의 뒤편에는 당시 선암사의 암자와 전각 그리고 각 곳에 거주한 승려들의 명단이 열거되어 있다. 괘불의 화기는 처음에 '건륭18년계유10월일신화성괘불영산교주석가모니불만덕존상탱(乾隆十八年癸酉十月日新畵成掛佛靈山教主釋迦牟尼佛萬德尊相幀)'이라 시작하며 그 뒤에 많은 내용이 있고, 괘불함에는 '건륭22년정축6월일조성(乾隆二十二年丁丑六月日造成)'이라 쓰고 그 뒤에 목수, 야장(冶匠), 도감(都監) 등이 나온다.

조사 영정

현재 선암사에 소장하고 있는 조사들의 영정은 도선국사와 대각국사의 영정을 비롯하여 함명당, 침명당, 철경당, 금암당, 눌암당, 호약당, 상월당, 보암당, 대운당, 만화당, 태허당, 서악당, 아도조사, 사명대사, 서산대사, 무학, 지공, 나옹화상, 화산당 등이 있다.

화기에는 두 국사의 영정이 1805년 화사 도목(道目)에 의해 중수된 것으로 기록되어 있으며, 사명대사, 서산대사, 무학, 지공 그리고 나옹화상의 영정은 1904년에 조성하였다고 전한다. 그 밖의 다른 영정은 기록이 없어 정확한 조성 연대를 알 수 없으나 양식으로 볼 때 조선 말기에 그려진 것으로 여겨진다. 대각국사 영정은 가로 103센티미터, 세로 127센티미터이며 오른쪽을 향한 측면상으로 의자에 앉아 있다.

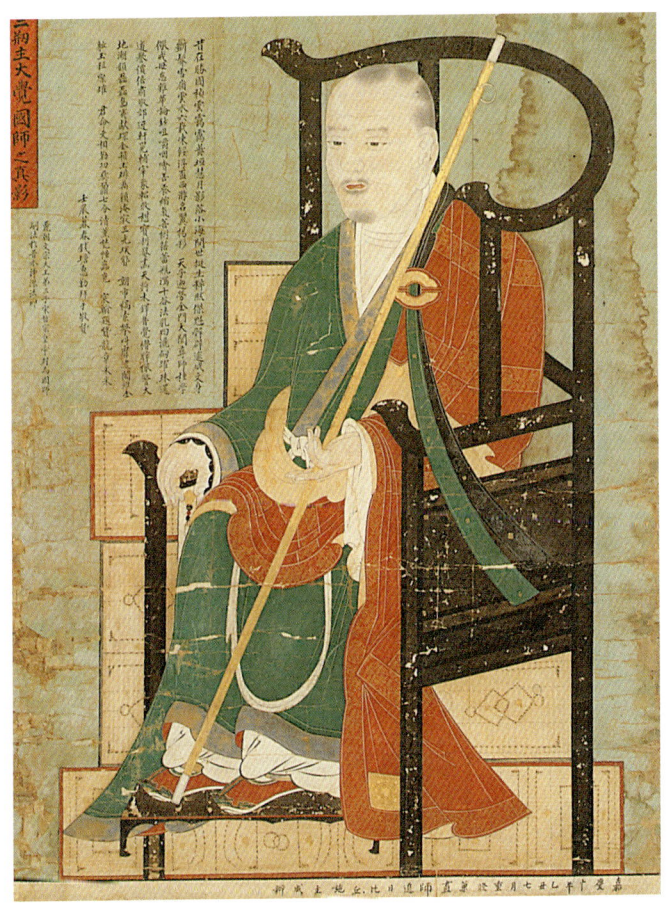

대각국사 영정 선암사에는 여러 소사들의 영정이 소장되어 있는데, 대부분 기록이 없어 정확한 조성 연대를 알 수 없다. 대각국사 영정은 가로 103센티미터, 세로 127센티미터로 오른쪽을 향한 측면상이다. 보물 제1044호. 사진 : 유남해.

공예

선암사에 소장되어 있는 공예품은 범종(梵鍾), 금구(禁口), 향로(香爐), 직인통(職印筒), 금란가사(金襴袈裟), 용문탁의(龍文卓衣) 등 다양하다. 은입사(銀入絲) 향로는 고려시대에 조성된 것이며, 다섯 개의 직인통 가운데 세 개는 통일신라 말 도선국사가 직접 사용한 것으로 전해지고 있다.

범종

선암사에는 조선시대에 주조된 범종이 다섯 개나 있다. 법고(法鼓), 목어(木魚), 운판(雲版)과 함께 불전사물(佛殿四物)에 포함되는 범종은 그 소리가 바로 부처님의 진리를 설파하는 원만한 음성이라 할 수 있다.

'순치 14년(順治十四年)'명 범종　이 범종은 현재 대각암에 있으나 원래는 보성 대원사 부도암에 있었던 것을 어느 시기에 옮겨 온 것이다. 종신(鍾身)에 '전라도보성군지천봉산대원사부도암중 종2백근 순치14년정유5월일 주조장김용출장사상(全羅道寶城郡地天鳳山大原寺浮屠庵中鍾二百斤順治十四年丁酉五月日鑄造匠金龍出張士詳)···'이란 명문이 있어서 김용출과 장사상 등의 장인이 효종 8년(1657)에 주조하였음을 알 수 있다. 종의 높이는 83.6센티미터이며, 용뉴(龍鈕)는 조선시대 양식인 쌍룡으로 구성되었고 상대(上帶), 하대(下帶), 유곽(乳廓) 및 보살입상 등을 갖추고 있다. 상대의 직사각형 내에는 범자(梵字) 두 자가 상하로 배치되어 특이하며, 주조의 조각미가 뛰어나 조선시대의 걸작품으로 평가되고 있다.

'강희 39년(康熙三十九年)'명 범종　범종루에 있는 범종으로 높이 122.6센티미터의 대종(大鍾)이다. 종신에 '강희39년경진4월일 전라도

'순치 14년' 명 범종 현재 대각암에 있으나 원래는 보성 대원사 부도암에 있었던 것을 옮겨 온 것이다. 높이는 83.6센티미터이며 주조의 조각미가 뛰어나 조선시대의 걸작품으로 평가되고 있다.

순천부조계산선암사대종 개주중8백근⋯편수도김성원⋯(康熙三十九年庚辰四月日全羅道順天府曹溪山仙巖寺大鐘改鑄重八百斤⋯片手都金成元⋯)'이란 명문이 있다. 숙종 26년(1700)에 주조되었으며, 유곽과 유곽 사이에 보살입상이 3구만 있고 나머지 한 자리에 위패문(位牌文)이 조각되어 매우 특이한 양식을 보여 주고 있다.

'옹정 8년(雍正八年)'명 범종　원통전에 있는 범종으로 종신에 '옹정8년경무4월일 함평□□사중 종중백근⋯편수윤취은⋯(雍正八年庚戌四月日咸平□□寺中鍾重百斤⋯片手尹就殷⋯)'이란 명문이 있다. 함평의 어떤 절에서 조성하였으며 영조 6년(1730)에 주조한 것으로 높이는 73.6센티미터이다.

'가경 8년(嘉慶八年)'명 범종　설선당의 마루에 있는 종으로 운수암에서 옮겨 왔다. 종신에 '가경8년계해4월일 오십전중 종개조중90근 시주치개(嘉慶八年癸亥四月日五十殿中鍾改造重九十斤施主致開)'란 명문이 있다. 순조 3년(1803)에 주조하였으며, 치개란 사람이 시주하였고 처음에는 선암사 오십전에 봉안되었다. 높이 54센티미터의 소종으로 조선시대의 가장 퇴화된 양식을 보여 주는 조잡한 작품이다.

'건륭 2년(乾隆二年)'명 범종　응진전에 있는 종으로 종신에 '건륭2년정사2월일 선암사종 편수가선김성원(乾隆二年丁巳二月日仙巖寺鐘片手嘉善金成元)'이란 명문이 있다. 영조 13년에 주조한 종으로 김성원이 만들었다. 높이 55.6센티미터의 중종으로 조각이 다소 조잡하고 당좌(撞座)와 하대가 없다.

'건륭 55년(乾隆五十五年)'명 금구　응향각에 걸려 있는 금구는 안쪽에 '건륭55년기유7월일 조성우순천선암사⋯(乾隆五十五年己酉七月日造成于順天仙巖寺⋯)'라는 명문이 있다. 정조 13년(1789)에 주조되었으며, 크기는 직경 100센티미터, 두께 18.5센티미터이다. 전면에 두 줄의 돌대를 두르고 그 사이에 직경 8.5센티미터의 범자인 '弛

(옴)' 자가 네 개 있으며 측면과 상단 좌우에 매달기 위한 세 개의 고리가 있다.

향로

은입사 향로 이 향로는 동제(銅製)로 깊은 완형(盌形) 위에 넓게 수평으로 퍼지는 전이 달린 노신(爐身)과 밑이 나팔 모양으로 퍼지는 높은 받침으로 구성되었다. 전형적인 고려 향완 형식이며, 은입사 기법을 이용하여 문양을 시문하였다. 원형 화문 가운데에 '卍'자가 있고, 톱니문 중앙에 범자인 'ॐ' 자를 각 세 개씩 교대로 배치하였다. 받침대에는 화문을 단순하게 구성하였고 노 밑바닥에는 앙련 16엽을 양각하였다. 전체적으로 균형미를 갖추고 있으며 몸통과 받침은 한 통으로 제작되었다.

이 향로의 정확한 주조 시기는 명문이 없어 알 수 없으나 형태가 완형이고 은입사 기법을 사용한 점으로 보아 고려 후기에 제작된 것으로 추정된다. 전라남도 유형문화재 제20호로 지정되어 있으며, 전체 높이는 29.5센티미터이다.

'숭정 6년(崇禎六年)' 명 향로 이 향로(높이 32센티미터)는 노신과 받침이 분리되는 결구식으로 구성되어 있다. 완(盌)의 입술 부분이 넓고 몸통 부분은 홀쭉하며, 받침대는 노신보다 높다. 장식 문양이 없는데 다만 돌대가 노신에 한 줄, 받침대에 두 줄, 받침에 한 줄 둘러져 있을 뿐이다.

나팔형으로 퍼지는 받침 하단 윗면에 '숭정6년계유3월일 조계산선암사 10근입향세 시주□영입금희조성화사경천삼보성혜(崇禎六年癸酉三月日曹溪山仙巖寺十斤入香歲施主□榮立金希造成化士敬天三寶性惠)'라는 명문이 점선으로 새겨져 있다. 이 명문은 시계 방향으로 배치되어 있으며 자경(字徑, 글씨가 쓰여 있는 부분의 지름)은 1.5센티미터이다.

은입사 향로 전형적인 고려 향완 형식으로 은입사 기법을 이용하여 문양을 넣었다. 동제로 깊은 완형 위에 넓게 수평으로 퍼지는 전이 달린 노신과 밑이 나팔 모양으로 퍼지는 높은 받침으로 구성되어 있다. 전체 높이 29.5센티미터.

'숭정 6년' 명 향로 노신과 받침이 분리되는 결구식으로, 나팔형으로 퍼지는 받침 하단 윗면에 가는 침을 사용해서 명문을 점선으로 새겼다. 전체 높이 32센티미터.

인조 11년(1633)에 선암사에서 조성하였으며 여러 시주자의 이름이 나온다.

전 도선국사 직인통

세 개의 직인통이 있는데 두 개는 원통형이고 한 개는 8각형이며, 모두 전라남도 유형문화재 제21호로 지정되어 있다. 이들은 통일신라 말 도선국사가 직접 사용한 것으로 전해지고 있으나 문헌 자료가 없어 확실하지 않다. 형식은 외함과 내통으로 구성되어 있으며 3통 모두 좌우에 손잡이와 자물쇠 장치를 부착하였다. 정상 부분에는 돌출 꼭지와 화문 장식이 있으며, 통 모서리 부분에 철제 띠를 두르고 있다. 모두 동제이며 함 자체는 향나무이다.

특기할 만한 것은 한 직인통 안에 '신라경덕왕원년 도선국사직인통 무신1227년(新羅景德王元年道詵國師職印桶戊申一千二百二十七年)'이라는 명문이 묵서되어 있는 점이다. 그러나 경덕왕 원년은 742년(壬午)이고, 도선의 활동 연대와는 100여 년 이상의 차이가 있어서 기록의 신빙성이 없다. 1946년에 입적한 선암사의 이월영(李月泳) 스님이 썼다고 전한다.

금란가사

대각국사 의천의 가사로 고려 신종 4년에 왕이 국사에게 하사한 것으로 전해 오고 있다. 사장일단(四長一短)과 일단사장(一短四長)이 반복된 천 조각을 이어 붙인 25조의 대의(大衣)로 형식은 긴 사각형이며, 비단 바탕에 금실로 글자와 무늬를 전면에 가득 짜 넣었다. 상단에 제불명(諸佛名), 2단과 3단에 제보살명(諸菩薩名), 4단에 경전명, 5단 곧 하단에는 존자명(尊者名)이 기록되어 있는데 황색 실을 이용하여 평수(平繡)로 치밀하게 수놓았다. 화엄경이 13번째로 중앙에 위치하고

금란가사 대각국사 의천의 가사로 고려 선종 4
년에 왕이 하사한 것으로 전한다. 긴 사각형이
며 비단 바탕에 금실로 글자와 무늬를 전면에
가득 짜 넣었다. 뒷면에는 먹으로 쓴 명문이
있는데 근래에 씌어진 것으로 보인다. 길이
230센티미터, 너비 60센티미터.

15번째 2단과 3단에 보살명 대신 구름과 연화문 사이에 삼족조〔日〕와 떡방아 찧는 토끼〔月〕가 수놓아져 있다.

뒷면에 '고려선종대왕사우 대각국사 북송원우2년정묘(高麗宣宗大王賜于大覺國師北宋元祐二年丁卯)'라고 먹으로 쓴 명문이 있는데 북송 원우 2년은 고려 선종 4년(1087)으로 대각국사가 송에서 귀국하고 1년 뒤에 해당된다. 그러나 먹으로 쓴 이 기록은 가사 제작 당시의 것이 아니고 근래에 쓰여진 것으로 보여 신빙성이 적다. 이 금란가사(길이 230센티미터, 너비 60센티미터)는 보물 제66호로 지정된 허동화(許東華)씨 소장의 자수가사(18세기 작)와 거의 비슷한 구도로 이루어져 있어 비교가 된다.

용문탁의

법상(法床)의 덮개, 곧 탁상보로 짐작되는 이 용문탁의는 금란가사와 함께 대각국사 의천의 유품으로 전해 오고 있다. 용문탁의는 길이 216.5센티미터, 너비 118센티미터 정도 크기로 문양과 글씨를 평수, 가름수, 징검수, 이음수 기법을 이용하여 금사(金絲)로 화려하게 수놓았다.

전체적인 구도는 중앙에 '성수만년(聖壽萬年)'을 십자꼴로 배치하고 '수만년' 세 자 밑에 각각 한 마리의 용을 수놓았으며, 그 주위로는 용문과 구름문이 가득 차 있고 상단에는 용문이 수놓아진 청색 비단이 덧대어져 있다. 국내에는 이 용문탁의와 비교할 만한 유물이 알려져 있지 않아서 선암사 소장품이 유일한 것으로 추정되고 있다.

기타 유물

삼인당　전라남도 기념물 제46호로 지정된 이 연못은 신라 경문왕 2년(862)에 도선국사가 축조한 것으로 전한다. 삼인당은 길이와 너비

용문탁의 금란가사와 함께 의천의 유품으로 전한다. 법상의 덮개, 곧 탁상보로 짐작되는
데 문양과 글씨를 금사로 화려하게 수놓고 있다. 길이 216.5센티미터, 너비 118센티미터.

가 2.2 대 1의 비례를 갖고 있으며 연못 내에 길이 11미터, 너비 7미터
의 긴 계란형 섬이 있다. 그 형태는 타원형으로 조선시대의 전통적인
정원에서 볼 수 있는 직선적인 사각형 연못의 양식과는 큰 차이를 보여
주고 있다.

통일신라시대에 조성된 것으로 보이는 불국사의 구품연지(九品蓮池)
나 통도사의 구룡지(九龍池)가 모두 타원형을 이루고 있는 점으로 보
아 선암사의 삼인당은 적어도 조선시대 이전에 만들어진 것으로 추정
된다. 삼인이란 제행무상인(諸行無常印), 제법무아인(諸法無我印), 열
반적정인(涅槃寂靜印)을 뜻하며, 이러한 불교 사상을 배경으로 만든
연못은 선암사의 삼인당이 유일한 것으로 알려져 있다.

석조 석조(石槽)란 돌의 내부를 파서 물을 담아 쓰도록 만든 용기
로서, 시기가 이른 것으로 경주 안압지 출토 신라 문무왕 14년(674)명

삼인당 신라 경문왕 2년에 도선국사가 축조한 것으로 전한다. 타원형이며 연못 안에 긴 계란형 섬이 있다. 1996년 순천전통문화보존회(회장 박관수)의 지원으로 복원되었다.

달마전 석조 사각형의 석조 1기와 원형의 석조 3기가 조화를 이루면서 서로 잇대어 있다. 서로의 높낮이와 크기가 적절히 배치되어 있어서 아름다움을 더한다.

석조가 있으며 대표적인 것은 영암 도갑사 석조를 들 수 있다. 석조는 장방형이 가장 많고 원형·방형·타원형·주형·사발 모양 등이 있으며 드물게 국립부여박물관에 있는 것처럼 연화형도 있다.

선암사에는 11기의 석조가 남아 있는데 그 가운데 대각암에 남아 있는 '광무10년병오5월(光武十年丙午五月)'(1906) 명의 석조를 제외하고 모두 조성 연대를 알 수 없다. 달마전 뜰에는 사각형의 석조 1기(높이 52센티미터)와 원형의 석조 3기가 조화를 이루면서 서로 잇대어 있다. 이 석조들을 보면 거칠고 모난 심성이 불교의 수행 생활을 통해 다듬어지고 더 나아가 해탈의 경지에 이르는 것처럼 서로의 높낮이와 크기가 적절히 배치되어 있어서 한층 아름답게 보인다.

편액괴 기타　　선암사에는 많은 건물이 있어 각 건물마다 편액(扁額, 현판)들이 달려 있는데 60여 점이 넘는다. 그 가운데 '세계일화조종육엽(世界一花祖宗六葉)', '일로향실(一爐香室)', '다로경권실(茶爐經卷室)', '보련각(寶蓮閣)', '원각가람(圓覺迦籃)' 등은 추사 김정희의 필적이고, 원통전 내에 걸려 있는 '대복전'과 '인', '천' 등은 순조가 세자 때에 쓴 것이다.

그 밖에 기문, 시주기, 제영(題詠) 등 80건이 넘는 기록이 있으며 10여 종이 넘는 상량문이 있다. 그리고 장경각에는 26종 835판의 목판이 남아 있다.

장경각 소장 목판

버스나 기차 등의 대중 교통을 이용할 경우, 순천까지 가면 된다. 기차를 타면 전라선 순천역에 내린다. 순천역에서 선암사행 시내버스(1번, 100번)가 하루 16회 다니고 50분 정도 걸린다. 버스는 순천시외버스터미널에서 선암사행 완행버스가 하루 14회 다니고 50분 정도 걸린다. 승주읍에서 택시를 타면 선암사까지 10분(4,000~5,000원) 정도 걸린다. 광주종합터미널에서 선암사까지는 버스가 하루 1회 다니며 1시간 정도 걸린다.

승용차를 이용할 경우, 호남고속도로 승주교차로에서 승주·순천으로 난 22번 국도를 따라간다. 죽학삼거리에 857번 지방도로로 우회전하여 약 6킬로미터를 달리면 선암사 주차장에 닿는다. 봄빛을 만끽하려면 전주교차로에서 호남고속도로를 벗어나 17번 국도로 임실—남원—구례를 거쳐 순천으로 들어가는 게 좋다. 주차장 근처에는 여관과 식당 등 숙식할 곳이 많이 있다.

선암사 주차장은 약 150대의 승용차를 주차할 수 있으며 입장료와 주차료를 받고 있다.

주 소 : 전라남도 순천시 승주읍 죽학리 802번지

전 화 : 061-754-5247

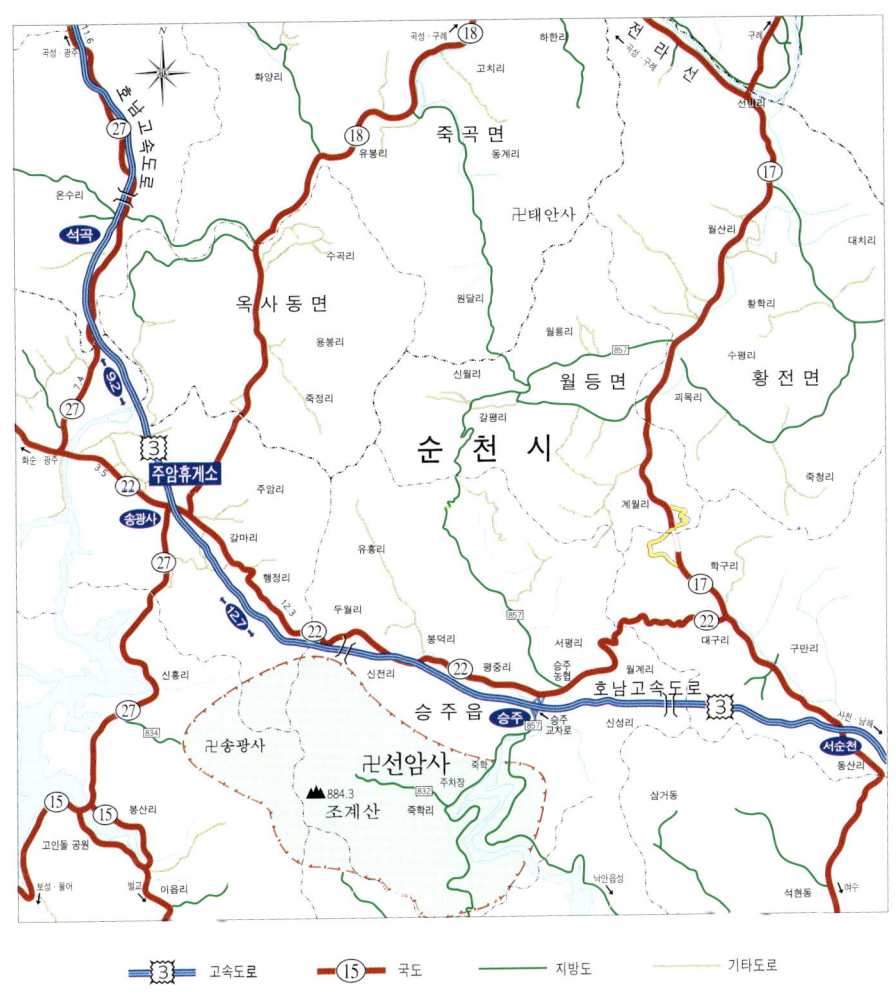

참고 문헌

◆ **선암사의 역사와 승려**

『신증동국여지승람』

계음 호연, 「조계산선암사사적」『조선사찰사료』上, 조선총독부,
　　　1911.

성　총, 『백암집』

수　연, 『무용당유고』(『한국불교전서』 9), 동국대학교출판부, 1988.

승주군·남도불교문화연구회, 『선암사』, 1992.

예운 산인(猊雲散人), 「승평부선암사중수주호암당약휴대사전」, 『조
　　　선불교계』 2, 1916.

―――, 「동방선종눌암대화상전」『조선불교계』 3, 1916.

―――, 「고종문대덕금약대선사전」『조선불교총보』 8, 1917.

예운 혜근(猊雲惠勤), 「조선전라남도순천부조계산선암사대화엄종주
　　　전불심인부종수교대법사심명당행장」『해동불보』 8, 1914.

유　일, 『연담대사림하록』(『한국불교전서』 10), 동국대학교출판부,
　　　1989.

채팽윤, 「조계산선암사중수비」『조선금석총람』 下, 조선총독부,
　　　1919.

현　변, 『침굉집』

◆ **가람 배치와 건축**

김봉렬, 『최후와 최고―선암사』, 이상건축, 1997. 12.

김재식, 「조계산 선암사의 택지 및 공간구성에 관한 연구」, 서울시립
　　　대학교 대학원, 1997.

승주군·남도불교문화연구회, 『선암사』, 1992.

천득염, 『전남의 전통 건축』, 전남대학교 박물관, 1999.

◆ 선암사의 유물

국립문화재연구소, 『한국의 범종』, 1996

김희경, 「고려탑의 사리장치에 대하여」『한국불교미술사론』, 민족사, 1987.

성보문화재연구원, 『한국의 불화 12−선암사편』, 1998.

승주군·남도불교문화연구회, 『선암사』, 1992.

염영하, 『한국의 종』, 서울대학교출판부, 1991.

최인선, 「강진 옥련사 목조 석가여래좌상과 복장」『문화사학』 창간호, 1994.

──, 「한국 철불 연구」, 한국교원대학교 박사학위논문, 1998.

한국고고미술사연구소, 「선암사의 불교미술」『미술사학지』 제2집, 1997.

빛깔있는 책들 103-42

선암사

초판 1쇄 발행 | 2000년 5월 10일
초판 3쇄 발행 | 2007년 8월 30일
재판 1쇄 발행 | 2013년 6월 25일

글 | 이계표, 천득염, 최인선
사진 | 이돈기, 최인선
발행인 | 김남석

편 집 이 사 | 김정옥
편집디자인 | 임세희
전   무 | 정만성
영 업 부 장 | 이현석

발행처 | (주)대원사
주   소 | 135-230 서울시 강남구 일원동 642-11 대도빌딩 3층
전   화 | (02)757-6717~6719
팩시밀리 | (02)775-8043
등록번호 | 등록 제3-191호
홈페이지 | www.daewonsa.co.kr

값 8,500원

ISBN 978-89-369-0236-0

잘못 만들어진 책은 바꾸어 드립니다.

빛깔있는 책들